C. Enßlin

Welpenblues

Nein, danke!

Welpenerziehung

spielend leicht & ganz entspannt

Über das Buch:

Endlich ist er da, dein langersehnter vierbeiniger Familienzuwachs – aber statt Freude und Spaß am Hund quälen dich Selbstzweifel und die Angst, dass du nicht alles richtig machst mit Erziehung, Sozialisierung und Co.? Hast du plötzlich das Gefühl, mit dir, deinem Hund und dem ganzen Universum überfordert zu sein? Nur keine Panik! In diesem Mutmach-Buch findest du alles, was dir und deinem Hund durch die aufregende Anfangszeit hilft – inklusive Erste-Hilfe-Koffer bei Welpenblues und den besten Tipps zu Grunderziehung und Beziehungsaufbau ganz nach dem Motto ›Tolle Erziehung durch starke Beziehung‹. Für einen perfekten Start ins gemeinsame Leben mit Hund!

Über die Autoren:

Claudia, passionierte Autorin und Bloggerin, und Sophie, ihres Zeichens waschechte Bichon Frisé-Prinzessin aus der Pfalz – DIE Experten zum Thema Welpenblues (und was noch so alles an Schwierigkeiten auf frischgebackene Hundeeltern lauert). Wir beide haben ihn nämlich mit allen Höhen und Tiefen am eigenen Leib erlebt, den Blues. Auf unserem kleinen Hundeblog (www.der-kleine-Hundeblog.de) erzählen wir seit 2016 über unsere gemeinsamen Erlebnisse und Abenteuer.

Denn: Ein Leben mit Hund ist anders.
Ein Leben mit einem kleinen Hund erst recht.

C. Enßlin

WELPENBLUES

Nein, danke!

Welpenerziehung

spielend leicht & ganz entspannt

Von Anfang an ein tolles Team

Claudia Enßlin
c/o Block Services
Stuttgarter Str. 106
70736 Fellbach

eMail: kontakt@der-kleine-Hundeblog.de
www.der-kleine-Hundeblog.de

Grafiken & Cover: Claudia Enßlin
Tackey@istockphoto.com, CNuisin@istockphoto.com

Herstellung und Druck:
Amazon Media EU S.á r.l., 5 Rue Plaetis, L-2338 Luxembourg

1. Ausgabe 2021

ISBN: 9798714684357

Inhalt

TEIL 1

Willkommen im neuen Leben!

Gute Stimmung ist aus ...

... aber Prosecco wär noch da!

So, jetzt ist er endlich bei dir eingezogen, dein Traumhund. Ein flauschiges Fellknäuel auf viel zu großen Pfoten, das dich sofort mit seinen riesigen, staunenden Kulleraugen verzaubert hat. Du hast so lange auf ihn gewartet, deinen Seelenhund, und vorbereitet bist du auch bestens.

Dein Buchregal biegt sich unter den vielen Ratgebern, die für jedes Problem eine ganz einfache Lösung haben, das Schlafkörbchen hat ein Vermögen gekostet, das Futter reicht für ein ganzes Jahr (mindestens!), und der Hundespielzeug-Hersteller darf sich jetzt dank deiner Kauflust über einen neuen Porsche freuen.

Es könnte alles so schön sein – aber ...

›Jetzt sitze ich gerade da und muss schon wieder weinen, weil es total anders ist, als ich es mir vorgestellt habe‹

›Wenn mich jemand auf der Straße ansprechen würde und mir meinen Hund abnehmen wollte, würde ich wahrscheinlich ›ja!‹ sagen‹

›Ich glaube, ich habe einen Riesenfehler gemacht‹

›Ich packe das mit der Verantwortung nicht‹

›Mein Hund macht überhaupt nicht, was er soll‹

›Ich will mein altes Leben zurück!‹

Du nickst? Der ein oder andere Satz kommt dir bekannt vor? Du hast das Gefühl, plötzlich mit der ganzen Verantwortung für den Fellzwerg überfordert zu sein? Erziehung, Sozialisation, Futter – dir schwirrt der Kopf. Und natürlich willst du alles richtig machen ...

Keine Panik!

Keine Panik, denn du bist hier nämlich genau richtig. In diesem Mutmach-Buch erfährst du erst einmal alles rund um das Thema Welpenblues und das Phänomen, dass das Zusammenleben mit deinem neuen Mitbewohner irgendwie gerade so ganz anders läuft als gedacht. Und wenn du tief durchgeatmet hast, machen wir uns zusammen ganz entspannt an die Arbeit, damit ihr perfekt durchstarten könnt.

Schließlich wartet ein wunderbares, aufregendes Abenteuer auf dich: das Abenteuer ›Leben mit Hund‹. Freu dich darauf!

Übrigens – der Welpenblues schlägt natürlich auch gerne bei älteren Neuzugängen auf vier Pfoten zu. Nur klingt ein ›Egal-wie-alt-der-Hund-ist-ich-fühle-mich-im-Moment-ziemlich-hilflos-Blues‹ etwas sperrig, oder?

Also, sollte dein neuer Begleiter kein Welpe mehr sein, sondern ein halbwüchsiger oder sogar schon erwachsener Hund, ersetze das Wort ›Welpe‹ gedanklich einfach durch den Namen deines Hundes. Dann geht ihr eben zusammen gerade durch den ›Lunablues‹ oder den ›Buddyblues‹ ...

Wo wir gerade dabei sind – ich bekomme bei Gendersternchen, Schrägstrichen und sonstigen Satzzeichen-Monstern immer einen Krampf beim Tippen und Sehstörungen beim Lesen. In diesem Buch sind selbstverständlich alle Geschlechter und Hauttönungen gleichberechtigt angesprochen, egal ob weiblich, männlich oder divers.

Und ich hoffe, das ›Du‹ ist für dich auch okay? Schließlich wird es hier ziemlich persönlich – und spätestens auf dem Hundeplatz oder der Gassirunde wird eh geduzt, was das Zeug hält.

So, aber jetzt ganz schnell zurück zum Thema. Wenn du bis zu dem ›Alles Gute und viel Spaß auf eurem gemeinsamen Weg zum Traumpaar‹ ganz am Ende dieses Buchs angekommen bist, wirst du wissen

- was es mit dem Welpenblues auf sich hat und wie du ihn ganz schnell in den Griff bekommst
- welche Tipps und Tricks dir helfen, mit dem kleinen (oder großen) Fellknäuel zu deinen Füßen so gut wie möglich durch die wilde

Welpenzeit (beziehungsweise die aufregende Anfangsphase) zu kommen

- wo die üblichen Fallstricke in der Mensch-Hund-Beziehung liegen
- wie ihr beide zusammen perfekt ins gemeinsame Leben startet

und

- wie du von Anfang an eine solide Basis für einen guterzogenen Hund legst.

Dazu gibt es eine Menge Übungen, die du sofort mit deinem Fellzwerg umsetzen kannst – und Ideen, was du später Schönes auf diesen Übungen aufbauen kannst.

Hast du Lust, gleich loszulegen? Und ein paar Minütchen die Möglichkeit, dich eine ruhige Ecke zurückzuziehen? Am besten dann, wenn dein Fellzwerg gerade seinen Schönheitsschlaf hält und einfach nur zum Knuddeln aussieht (und du ihm sofort wieder verzeihen kannst, dass er gerade eben deine coolen Lieblingssneaker zu Konfetti verarbeitet hat).

Okay, dann kommt hier schon die erste Übung für dich.

Übung 1: Ohmmmmm ...

Hast du's dir richtig gemütlich gemacht? Vielleicht auf dem Sofa oder deinem Lieblingssessel? Ja, schieb ruhig mal das Hundespielzeug zur Seite und schalte dein Handy aus. Möchtest du dir noch eine Tasse Tee, einen Latte macchiato oder das bereits zitierte Gläschen Prosecco holen? Dein ganzes Leben steht gerade ziemlich auf dem Kopf, also gönn dir was Gutes!

Bereit? Sehr schön.

Jetzt leg dieses Buch mal kurz auf deinen Schoß.

Schließe die Augen.

Atme tief durch.

Ja, genau. Ganz langsam Luft holen, bis du merkst, dass sich deine Lungen richtig prall gefüllt haben. Bis drei zählen, und dann wieder ganz langsam ausatmen. Stell dir vor, du pustest dabei eine Kerze aus. So eine richtig große Wachskerze, mit flackernder Flamme und knisterndem Docht.

Und jetzt das Ganze gleich noch mal von vorn – und zwar so lange, bis du das Gefühl hast, dass sich dein Kopf und dein ganzer Körper wieder deutlich leichter anfühlen.

Merkst du, wie du zur Ruhe kommst?

Prima! Dann können wir ja gleich mit der Aufbau-Übung weitermachen.

Übung 2: Shake it, baby!

Hast du schon bemerkt, was dein Hund macht, wenn ihm irgendwas komisch vorkommt? Genau, er schüttelt sich.

Probier's auch gleich mal.

Einfach richtig von oben nach unten durchschütteln, als ob du gerade aus einem erfrischenden Sommerregenguss unter ein schützendes Blätterdach kommst. Steh ruhig dabei auf und lockere auch ganz bewusst deine Arme und Beine – guckt ja keiner.

Fühlst du schon, wie deine verkrampfte Muskulatur wieder schön locker wird? Jetzt weißt du, warum sich Hunde so gerne mal richtig durchschütteln: Sie schütteln sich Unbehagen, Stress und Ärger einfach von der Seele. Mach's deinem Fellzwerg nach.

Und immer schön tief durchatmen ...

Übrigens: Diese Entspannungstipps sind natürlich nicht auf meinen Mist gewachsen. Sie stammen aus der sogenannten Kognitionswissenschaft. Kluge Leute haben erforscht, dass bestimmte Bewegungen einen positiven Einfluss auf Stimmungen wie Angst, Wut, Verzweiflung und so weiter haben – auf neudeutsch ›Embodiment‹.

Und diesen positiven Einfluss können wir gerade jetzt im Welpenblues prima brauchen, oder?

Während du jetzt also schön weiter entspannst, lass dir ganz herzlich zum neuen Familienmitglied gratulieren! Du darfst gerade eine wahnsinnig spannende und aufregende Zeit mit einem Lebewesen verbringen, das nicht umsonst gerne als der beste Freund des Menschen bezeichnet wird. Ab genau *jetzt* legst du die Basis für eine supertolle Gemeinschaft, die hoffentlich noch ganz viele Jahre andauert.

Und hast du schon mal bemerkt, wie kuschelig so ein Welpenfell ist, und wie gut ein Hundebaby riecht? Wie groß seine weichen Tatzen sind? Wie lang die samtigweichen Öhrchen? So süß wie jetzt wird dein Hund nie wieder sein, und in ein paar Monaten wirst du mit verzücktem Lächeln an diese Zeit zurückdenken und dir wünschen, die Zeitreisekapsel wäre bereits erfunden. Also, ich bin dir auf alle Fälle richtig neidisch!

Wenn wir gerade noch ein bisschen Zeit haben, stellen wir uns mal kurz vor. Wir, das sind Claudia, hauptberuflich Autorin und begeisterte Hunde-Bloggerin, und Sophie, ihres Zeichens Bichon Frisé-Prinzessin mit Pfälzer Wurzeln und der bekannt-guten Laune der Gegend sowie der Freude an gutem Essen.

Bichon Frisés haben wuscheligweiße Löckchen, vier etwas zu kurze Beine, ordentlich Temperament – und hin und wieder einen ganz schönen Dickkopf. Trotzdem gelten sie als ›Anfängerhunde‹, und genau das war der Grund, warum mein Mann und ich jetzt als Superhero-Herrchen und Helikopter-Frauchen die Leinenträger für Prinzessin Sophie spielen dürfen.

Wie ich eigentlich auf die Idee komme, als Nicht-Hundetrainerin ausgerechnet ein Mutmach-Buch über das Thema ›Willkommen in der wilden Welpenzeit‹ zu schreiben?

Ganz einfach. Ich war in genau der gleichen Situation wie du jetzt. Alles, was du gerade durchmachst, habe ich auch erlebt. Die Zitate am Anfang des Buches, die übrigens alle aus Kommentaren oder Mails zu meinen Blogartikeln über den Welpenblues stammen, hätten von mir sein können.

Über ein Jahr lang hatte ich nach der perfekt zu uns passenden Rasse gesucht, abwechselnd Homepages von Tierheimen und Züchtern rauf- und runtergescrollt und so ungefähr jeden Ratgeber gelesen, der jemals über Hundeerziehung und -beziehung geschrieben wurde. Ich machte mir seitenlang Notizen, grübelte Nächte durch und leistete bei Superhero-Herrchen echte Überzeugungsarbeit bezüglich vierpfotigem Familienzuwachs.

Natürlich wollten wir bei der ersten Züchterin auf der Wunschliste ›nur mal gucken‹, wie so ein Bichon Frisé-Welpe in natura aussieht. Der Wurf war schließlich komplett ausverkauft – bis auf ein winziges Hundemädchen, das eigentlich in der Familie bleiben sollte. Zwei Wochen später fuhren wir quasi im Schritttempo über hundert Kilometer auf der Autobahn nach Hause, mit Sophie gut angeschnallt im Körbchen auf dem Rücksitz und Zwischenstopp an jeder einzelnen Raststätte (›*Meinst du, sie muss mal?*‹).

Ab Tag 7 war ich tagsüber allein mit einem weißen Fellknäuel – und dann schlug er zu, der Welpenblues. Ohne Vorwarnung.

Statt am Schreibtisch hockte ich völlig übernächtigt auf dem Sofa, starrte die Handvoll Hund an, die unter dem Couchtisch kauerte und mit unergründlichen Kulleraugen zurückstarrte, und fragte mich, ob ich nicht einen Riesenfehler gemacht hatte. Plötzlich hatte ich nicht mehr den blassesten Schimmer, wie das eigentlich funktionieren sollte, so mit Erziehung und Verantwortung und – hat der Hund jetzt echt gerade *schon wieder* auf den Teppich gepinkelt?!?

In den nächsten Tagen habe ich heimlich Rotz und Wasser geheult, mich für meinen ›Ich will einen Hund!‹-Wunsch verflucht, tagelang keine Energie mehr für die einfachsten Dinge (außer auf dem Sofa sitzen und mich furchtbar fühlen) aufgebracht, abwechselnd an meiner und Sophies geistiger Gesundheit gezweifelt ... Es gab es so gut wie gar nichts zum Thema Welpenblues – weder in Buchform noch als Blogbeitrag. Ich hatte keine Ahnung, was mit mir los war, und ich dachte, ich bin die Einzige, die sich so komisch anstellt.

Eine echte Horrorzeit.

Dabei hatte ich es mir so toll ausgemalt mit so einem niedlichen Welpen im Haus, der allerliebst zwischen den Füßen herumtapst, über Streicheleinheiten und Spielaufforderungen begeistert ist und die restlichen 22 Stunden in seinem Körbchen schläft. Noch ein kurzer Spaziergang an der frischen Luft, ganz entspannt mit viel ›*Ich bleib immer an deiner Seite, Frauchen*‹ – ach, die Zukunft mit Hund war so schön gewesen.

Sogar einen eigenen Blog wollte ich starten und mit vielen entzückenden Beiträgen über die wunderbare Welpenzeit füllen, quasi Einhornstaub und

Feenglitzer überall. ›Der kleine Hundeblog‹ erblickte übrigens erst ein gutes halbes Jahr später das Licht der Blog-Welt, und einer der ersten Beiträge handelte – vom Welpenblues.

Erst durch die vielen Mails und Kommentare, die ich seitdem zu diesem Thema bekomme, merkte ich, dass der Blues kein Ausnahmephänomen ist und es noch viel, viel mehr frischgebackene Hundeeltern gibt, die darunter leiden.

Ich weiß also, wie du dich gerade fühlst. Und ich weiß, was gegen den Blues hilft. Ich kann dir das Gefühlschaos nicht abnehmen, aber im Gegensatz zu mir hast du die Chance, sehr viel schneller aus dem Tief herauszukommen und endlich die ›good times‹ zu starten!

Her mit dem schönen (Hunde)Leben!

Was du in diesem Buch allerdings nicht finden wirst, sind Anleitungen im Stil von ›So klappt der Rückruf nach 3x üben‹ oder ›Ab morgen läuft dein Hund immer an der lockeren Leine‹.

Es gibt eine Menge Bücher, die mehr oder weniger genau das versprechen … Und ich habe sie alle gelesen. Natürlich hat kein einziger dieser Geheimtipps funktioniert.

Frag mal Sophie.

So, wie sieht's denn aus? Schon genug geschüttelt und durchgeatmet?

Dann werfen wir doch gleich mal einen genaueren Blick auf den Welpenblues – und warum er eigentlich ein richtig gutes Zeichen für eure künftige Beziehung ist. Wenn du übrigens gar nicht unter dem Welpenblues leidest oder ihn schon glücklich überwunden hast, darfst du natürlich die nächsten Seiten überblättern und gleich in Teil 2 einsteigen. Die Entspannungsübungen wirst du trotzdem in den nächsten Monaten sicher noch oft brauchen. Also, bau sie gleich mal immer schön ein, sobald es nervig wird.

Und das wird es. Glaub mir.

Gestatten, mein Name ist Blues. Welpenblues.

Der Blues – alles ganz natürlich

›Gestatten? Mein Name ist Blues. Welpenblues.
Mit der Lizenz zum Nerven.‹

So ungefähr hat er sich bestimmt bei dir vorgestellt, dein ganz persönlicher Blues. Im Gegensatz zum feschen James Bond trägt dieser Geheimagent mit der Lizenz zum Nerven allerdings keinen schicken Smoking und räumt dir alle Schwierigkeiten aus dem Weg, sondern er tut alles, um dir die tollen, spannenden ersten Tage oder sogar Wochen mit deinem Hund so richtig madig zu machen. Er ist die schmierige Stimme in deinem Kopf, die dir irgendwas von wegen ›*viel zu große Verantwortung*‹ oder ›*das schaff ich doch nie im Leben* ...‹ einflüstert. Er sorgt dafür, dass du nachts kaum ein Auge zumachst (selbst wenn dein Fellzwerg gerade mal nicht schnell raus muss) und tagsüber kaum vom Sofa hochkommst – nicht mal, um dir was Feines zum Essen zu machen. Er lässt dich ständig zu Taschentüchern greifen und an deinem Verstand zweifeln.

Ein echter Null Null Nix eben.

Aber hier kommt die gute Nachricht: Der Blues ist ganz natürlich. Und er ist eigentlich ein gutes Zeichen. Ja, du hast richtig gelesen.

Der Blues – ein richtig gutes Zeichen!

Auf die Bekanntschaft mit dem Welpenblues kann man eigentlich liebend gerne verzichten, und auf die Tränen, die schlechte Stimmung, die Unsicherheit sowieso. Ich kenne sie nur zu gut, die Angst, ein kleines Hundemädchen nicht ordentlich und vor allem nicht schnell genug zu einer richtig tollen Begleiterin auf vier Pfoten zu erziehen, mit der man sich (fast) überall blicken lassen kann. Die Sorge, dass aus uns nie ein gutes Mensch-Hund-Team wird.

Viele von Sophies damaligen Verhaltensweisen haben mir im Nachhinein gezeigt, dass es ihr ähnlich ging. Meine Nervosität übertrug sich auf sie – anstelle von Tränenausbrüchen gab's dann eben eine wilde Kreiseljagd nach dem eigenen Schwanz, und dem Thema ›Wenn der Hund auch nach Wochen einfach nicht stubenrein werden will‹ widme ich ein Extra-Kapitel.

Aber wir haben ihn gepackt, den Blues. Und irgendwie hat uns diese Erfahrung noch enger zusammengeschweißt. Ich kann die Zeit mit Sophie jetzt umso mehr genießen, weil ich verstanden habe, was sich eigentlich hinter dem ganzen Gefühlschaos verbirgt. Und wenn Sophie und ich das geschafft haben, schaffst du es zusammen mit deinem Fellzwerg auch.

Garantiert.

Genau wie die vielen, vielen frischgebackenen Hundeeltern vor dir, die den Blues überstanden haben und sich gar nicht mehr vorstellen können, warum sie sich eigentlich so viele Sorgen gemacht haben.

Ist eigentlich noch Prosecco da?

Der Blues unter der Lupe

Sehen wir uns den Blues doch mal genauer an.

Bekannt ist das Phänomen namens Babyblues ja aus den Tagen nach der Geburt, wenn die Hormone verrücktspielen und die junge Mutter aus dem Stimmungstief gar nicht mehr auftaucht. In diesem Moment ist einfach alles zu viel. Vor allem zu viel Baby.

Das Östrogen, das während der Schwangerschaft zusammen mit seinem Kumpel, dem Progesteron, für richtig Party im Gehirn gesorgt hat, verabschiedet sich mit einem fröhlichen ›*Du wolltest es ja nicht anders!*‹.

Die Folgen:

- Stimmungsschwankungen im Minutentakt
- plötzlich auftretende Angst vor der Zukunft und der Verantwortung für das kleine Wesen
- Schlaf- und Appetitstörungen
- Konzentrationsprobleme

und natürlich

- die Frage, warum man sich um Himmels Willen das alles angetan hat. Man hatte doch ohne Baby das schönste Leben …*

Kommt dir das irgendwie bekannt vor?

---

* Quellen: Bundesverband der Frauenärzte e.V.: www.frauenaerzte-im-netz.de; Bundeszentrale für gesundheitliche Aufklärung (BZgA): www.familienplanung.de

Während frischgebackene Mütter also eine wissenschaftliche fundierte Erklärung für ihre Bluesattacken haben, sind frischgebackene Frauchen auf sich allein gestellt. Es hat sich nämlich noch keiner daran gemacht, das Phänomen des Welpenblues genauer zu erforschen. Ob wir Mädels allein beim Gedanken an ein vierbeiniges Baby schon entsprechende Hormone in Alarmbereitschaft versetzen? Unser Gehirn nicht zwischen Menschen- und Hundekind unterscheiden kann?

Bisher habe ich nämlich weder einen Kommentar noch eine Mail von einem bluesgeplagten Herrchen bekommen. Leiden Männer also generell nicht unter Welpenblues? Oder traut sich nur keiner, zu seinem Gefühlschaos zu stehen?

Wer weiß.

Auch in den unzähligen Ratgebern, die es zum Thema ›Ein Hund kommt ins Haus‹ auf dem Buchmarkt gibt, wird auf den Welpenblues interessanterweise nicht eingegangen. Auf Hochglanzpapier blitzen einem wunderschöne Fotos von zuckersüßen Welpen entgegen, die allerliebst durch perfekt arrangierte Wohnträume tapsen, wenn sie nicht gerade in ihrem edlen Kuschelkörbchen den Tag (und natürlich auch die komplette Nacht) verschlafen. Angekaute Schuhe, vollgepinkelte Teppiche und zerbissene Hundeleinen erscheinen – wenn überhaupt – ganz am Schluss der Bücher, und sie tragen unsichtbare Überschriften namens ›Herzlichen Glückwunsch zum Problemhund‹ oder ›Sie sind also wirklich schon mit *dem bisschen* Welpe überfordert?‹. Natürlich ohne Bild. Wer will schon seine Leser mit der harten Realität abschrecken? Solche Bücher kauft doch keiner ...

Ich finde es sehr schade, dass die widersprüchlichen, teilweise sogar beängstigenden Gefühle, die so viele frischgebackene Hundeeltern überwältigen, einfach ausgeklammert werden. Warum warnt man uns Herrchen und Frauchen in spe nicht ein bisschen vor, dass wir in den ersten Tagen (und manchmal auch Wochen) mit unserem Neuzugang nicht ausschließlich auf rosaroten Wölkchen schweben werden? Dann könnte man sich im Vorfeld nicht nur mit der XXL-Packung Wischtücher, sondern auch mit einer Kiste Prosecco eindecken.

Leider stiftet der Blues nicht nur bei uns Menschen Unsicherheit und Gefühlschaos. Hunde sind verdammt feinfühlige und sensible Wesen – auch wenn sie gerade in der Welpenzeit offensichtlich nur Blödsinn im Kopf haben.

Dein Hund beobachtet dich ständig. Er schätzt dich ein. Er lernt von dir. Auch wenn er nicht weiß, warum du dir so komische Papierfetzen ins Gesicht drückst und kräftig hineintropfst, versteht er anhand deiner Körpersprache und deiner ganzen Ausstrahlung, dass es dir nicht gut geht. Du bist schwach – vielleicht sogar krank? Immerhin schaffst du es noch, täglich seinen Futternapf zu füllen, aber wer weiß, wie lange noch? Schließlich ist er jetzt komplett von dir abhängig, statt Zuflucht am tröstlich warmen Bauch seiner leiblichen Hundemama zu finden. Und in dem kleinen Köpfchen rattern unsichtbare Rädchen ...

Sophie hat wie schon erwähnt mit exzessivem Kreiseln und Pfützchen im Rekordtempo auf meinen Blues reagiert. Andere Fellzwerge versuchen vielleicht, ihren Stress und ihre Unsicherheit durch generelle Unruhe, (übermäßiges) Klammern an ihrem Menschen oder auch den gegenteiligen Komplettrückzug zu verarbeiten.

Deswegen – weg mit dem Blues! Und zwar so schnell wie möglich!

Für alle (Not)Fälle habe ich dir einen Erste-Hilfe-Koffer gepackt, mit dem du den Welpenblues ganz zackig in den Griff bekommst. Und der Geheimagent Null Null Nix mit der Lizenz zum Nerven verabschiedet sich schneller, als du ihm einen angekauten Schuh hinterherwerfen kannst.

Aber vorher nochmal zwei wichtige Botschaften, die du dir am besten gleich auf einen Zettel schreibst und an den Spiegel klebst (oder an den Schrank mit dem Hundefutter):

Botschaft # 1

DU BIST NICHT ALLEIN!

Du bist nicht allein mit deinen negativen Gedanken und den Zweifeln, dem ganzen Gefühlschaos und den Fragen wie ›*Habe ich wirklich das Richtige gemacht?*‹ oder ›*Schaffe ich das überhaupt mit der Erziehung und allem Drum und Dran?*‹.

Es liegt nicht an dir – und schon gar nicht an deinem Hund. Du brauchst dir keine Vorwürfe zu machen, weil es gerade nicht nur Einhornglitzer und Konfetti auf die Welpenbox regnet. Diese Reaktion ist völlig normal. Genau in diesem Moment gibt es Hunderte, vielleicht sogar Tausende frischgebackener Hundeeltern, die sich die gleichen Gedanken machen.

Und auch sie werden in kurzer Zeit vom Blues geheilt sein.

Genau wie du.

Denn – hier kommt ...

Botschaft # 2

DER BLUES GEHT VORBEI!

Der Welpenblues geht vorbei.

Wirklich.

Und zwar umso schneller, wenn du ihn als das akzeptierst, was er im Grunde genommen ist: Das Zeichen, dass du auf dem richtigen Weg bist – auf dem Weg zum supertollen Mensch-Hund-Team. Es ist absolut kein Zeichen für Schwäche oder mangelnde Fähigkeiten, wenn deine Gefühle Achterbahn fahren. Der Blues ist eine ganz natürliche Reaktion deines Körpers auf eine herausfordernde Situation, und so komisch das jetzt gerade für dich klingen mag: Er ist eigentlich ein Grund zum Feiern.

Okay, Partystimmung geht anders. Dir geht's wirklich mies, und du bildest dir das Gefühlschaos auch nicht ein. Du hast dir die erste Zeit mit dem neuen Familienmitglied, egal ob Welpe oder ausgewachsener Hund, anders vorgestellt. Viel entspannter, lustiger, netter.

Aber der Blues beweist dir, dass du ein sensibler Mensch mit einem ganzen Arsenal an unsichtbaren Antennen auf dem Kopf bist. Du nimmst die Aufgabe ernst, für deinen Hund das allertollste Herrchen oder Frauchen der Welt zu werden. Du bist dir deiner Verantwortung bewusst, was es heißt, für ein so komplexes, intelligentes, sensibles Wesen wie einen Hund die beste Vertrauensperson zu sein. Du machst dir Gedanken über eure aktuelle Situation und vor allem die Zukunft, und du willst alles richtig machen. Deinem Fellzwerg soll es einfach nur supergut bei dir gehen.

Was, meinst du, sagt dein vierpfotiger Neuzugang dazu? Will er ein zweibeiniges Rudel, das ihn nebenher ›mitlaufen‹ lässt und dem er ansonsten offensichtlich so ziemlich egal ist? Oder will er Teil eines coolen Hund-Mensch-Teams werden? Mit allen Höhen und Tiefen, Erfolgen und … Na, nennen wir es mal ›weniger positiv ausgeprägten Erfahrungen‹.

Was macht denn eigentlich eine tolle Beziehung zwischen Hund und Mensch aus? Hast du dir selbst schon einmal diese Frage gestellt? Was erwartest du von dir und deinem Hund? Werfen wir doch mal ganz schnell einen Blick in die …

Beziehungskisten

Während du noch am Gläschen Prosecco oder der heißen Tasse Tee nippst und dein Fellzwerg herzallerliebst leise vor sich hin schnarcht, nutze diesen seltenen Moment der Ruhe, um dir selber klarzumachen, wie du dir ganz persönlich die künftige Beziehung zu deinem Hund vorstellst.

In den Ratgebern taucht sie immer wieder auf, die ›gute Beziehung‹. Aber was bedeutet das eigentlich? Was macht eine gute Beziehung zwischen einem Hund und seinem Lieblingsmenschen aus?

Für deinen Fellzwerg spielen natürlich die körperlichen Grundbedürfnisse besonders jetzt eine große Rolle, wo er von einem Tag auf den anderen den Schutz und die strenge, aber liebevolle Führung seiner Hundemama verloren hat – ganz zu schweigen vom Rest seines Rudels. Er wünscht sich einen sicheren, ruhigen (Schlaf)Platz und natürlich ganz viel leckeres Futter.

Daran kannst du bestimmt sofort einen Haken machen, oder?

Dein Hundekind hat aber noch mehr auf seiner Wunschliste ›Bestes Herrchen/Frauchen der Welt‹ notiert:

- körperliche und geistige Beschäftigung (im Moment auch gerne als ›Spielen‹ bezeichnet)
- ausgiebige Ruhephasen, um die vielen, vielen aufregenden Erlebnisse verarbeiten zu können
- eine stabile Sozialstruktur (am liebsten mit festen Bezugspersonen – auch wenn Besuch immer *soooo* spannend ist!)
- Kontaktmöglichkeiten zu anderen (netten) Hunden
- klare, verständliche Regeln (die vor allem immer gelten – auch wenn manche von ihnen echt doof sind. Zum Beispiel die Regel, dass man nichts vom Teller kriegt, der auf Frauchens Platz steht)
- verlässliche Hilfe, wenn's mal wieder brenzlige Situationen gibt (wie das Zusammentreffen mit dem schlechtgelaunten Rüden von gegenüber, der Welpen absolut blöd findet)

Das war's eigentlich schon.

Halt, das Wichtigste hätte ich beinahe vergessen: nämlich Respekt, Anerkennung – und natürlich Liebe.

Ganz viel Liebe!

Na, das ist doch gar nicht so wild, oder?

Alles kein Hexenwerk – vor allem mit ein bisschen Unterstützung, die du zum Beispiel in diesem Buch noch bekommen wirst. Und schon hast du so gut wie sicher den Pokal ›Weltbestes Herrchen/Frauchen‹ gewonnen – wenigstens in den Augen deines Hundes.

Lass dich übrigens nicht verunsichern, wenn dir dein Fellzwerg seine Zufriedenheit nicht (offensichtlich) körperlich zeigt. Ich hatte mir anfangs in den Kopf gesetzt, dass Sophie mich nicht mag, weil ihr absolut nicht nach längeren Kuschelrunden zumute war. Ist ihr übrigens auch heute nur, wenn sie Lust darauf hat – vorzugsweise mitten in der Nacht, wenn sie schlecht geträumt hat …

Viele Hunde sind gar nicht so verrückt nach Streicheleinheiten, wie wir Menschen immer meinen. Auf sie wirkt eine Hand, die vielleicht auch noch ganz unerwartet über ihnen auftaucht, eher bedrohlich. Eine Pfote, die einem Hund von seinem Artgenossen in den Nacken gedrückt wird, bedeutet schließlich keine Zärtlichkeit, sondern so ziemlich das genaue Gegenteil. Also beobachte genau, ob dein Fellzwerg das Streicheln genießt, oder ob er seine Zuneigung zum Beispiel eher mit dem sogenannten ›Kontaktliegen‹ ausdrückt, indem er sich neben dich hinlegt und wohlig entspannt – vielleicht sogar *mit* Körperkontakt.

Mach es dir und deinem Fellzwerg also nicht unnötig schwer. Steh zum Blues – aber im Wissen, dass du ihn mit seinen eigenen Waffen schlagen kannst. Je eher, desto besser.

Du weißt nicht, wie? Hier kommt mein ganz persönlicher Erste-Hilfe-Koffer für dich! Mach ihn doch gleich mal auf und such die besten Glückshundtabletten und Antifrustpflaster für euch beide raus.

Und danach geht's auch gleich los mit den wichtigsten Basics für ein geniales Dreamteam, das die komplette Hundewiese neidisch macht. Ganz entspannt und ohne stupide Sitz-Platz-Bleib-Geschichten. Die bekommst du nämlich nebenbei mitgeliefert – und zwar so, dass es dir und deinem Hund richtig Spaß macht.

Dein Erste-Hilfe-Koffer gegen den Welpenblues

Hier kommen sie, meine bewährten Tipps und Tricks gegen den Welpenblues. Such dir einfach aus, was dir (und deinem Fellzwerg) gerade guttut. Den ultimativen Notfall-Tipp # 1 kennst du ja schon – nein, nicht den mit dem Prosecco ...

Tipp # 1: Hol erstmal tief Luft

Wenn dein Fellzwerg gerade wieder wild kläffend durchs Wohnzimmer tobt und sich gar nicht mehr beruhigen will, deine Lieblingsschuhe plötzlich Löcher haben oder du überhaupt nicht mehr weißt, warum zum Teufel du unbedingt ein Hund haben wolltest – hol tief Luft. Gib dem Gefühlschaos in deinem Kopf eine Chance, sich zu beruhigen.

Die Anfangszeit mit Hund im Haus kann eine echte Herausforderung für Körper und Seele sein. Also, komm ganz bewusst zur Ruhe.

Und wenn sich gerade das komplette Universum gegen dich verschworen hat, geh gleich weiter zu Tipp #2:

Tipp # 2: Nimm dir eine (echte) Auszeit

In manchen Sportarten gibt es den sogenannten Time-out – eine Unterbrechung des Spiels auf Wunsch einer Mannschaft, um kurzfristig auf eine besondere Situation zu reagieren.

Wenn der Blues besonders heftig zuschlägt, solltest du dir auch etwas besonders Gutes tun. Welpenzeit ist Ausnahmezeit, also nimm dir entsprechend auch Zeit nur für dich und lade deine inneren Akkus wieder auf.

Optimalerweise kannst du solche Auszeiten in den Stündchen nehmen, in denen dein Fellzwerg völlig ausgepowert in seinem Körbchen liegt und von den aufregenden Abenteuern träumt, die er erlebt hat. Und das sind pro Tag erstaunliche 20 bis 22 Stunden, an denen sich ein Welpe schlafend oder dösend erholen sollte.

Falls es bei dir anders ist: Zum Thema ›Wie kommt mein Hund zur Ruhe?‹ gibt es später mehr Infos. Theoretisch solltest du aber momentan noch ausreichend Gelegenheit für ein bisschen Urlaub vom Welpenalltag haben.

Wie gesagt: noch.

Was macht dir Spaß? Wie kannst du gut entspannen? Es muss ja nicht immer gleich ein Riesenprojekt wie eine ganze Stunde Yoga sein. Die sprichwörtliche Tasse Tee und ein paar Minuten Durchatmen auf dem Sofa sind hilfreicher, als man denkt. Ich nutze inzwischen gerne mal Kurz-Meditationen, die man beispielsweise per App herunterladen kann. Andere stehen mehr auf ein schnelles Fitness-Training zwischendurch oder streamen eine Folge ihrer Lieblingsserie. Wichtig ist nur, dass du in der Auszeit auch wirklich abschalten kannst.

Also, Finger weg von irgendwelchen Hundeerziehungsratgebern in deinem persönlichen Time-out. Ja, auch von dem, den du gerade in den Händen hältst. Sophie und ich sind dir wirklich nicht böse ...

Manchmal ist aber auch eine Hardcore-Auszeit nötig – nämlich immer dann, wenn die Situation entgleist und die Nerven blank liegen (egal, ob bei dir oder deinem Hund). Es kann gerade jetzt am Beginn eurer Partnerschaft immer wieder Momente geben, in denen du nicht weißt, ob dein Herzenshund nicht doch besser am anderen Ende der Welt aufgehoben wäre. Du würdest ihm sogar mit Freuden das Flugticket spendieren.

Vielleicht hat der Fellzwerg gerade heimlich das neue Sofa zerlegt, tobt über den Tisch oder – das andere Extrem – verkriecht sich darunter. Nicht nur dir kann mal alles zu viel sein. Bevor die Situation komplett eskaliert: Zeit für Auszeit!

Am besten für euch beide.

Gleichzeitig.

Boxenstopp!

Auch wenn ich anfangs nur den Kopf geschüttelt habe, wenn wieder jemand mit dem Tipp ›Ab in die Box und Klappe zu‹ ums Eck kam – inzwischen verstehe ich das System dahinter. Während für uns Menschen der Gedanke, in einem Käfig eingesperrt zu sein, im Normalfall Horrorvorstellungen auslöst, sehen die meisten Hunde ihre Box mit anderen Augen. Gerade für Welpen ist die Möglichkeit, sich in eine schützende Höhle zurückzuziehen und dort einfach mal nichts machen zu müssen (nicht mal Blödsinn), eine verlockende Vorstellung.

Zum Thema Hundebox, wo man sie am besten positioniert und wie man sie optimal nutzt, bekommst du übrigens im Praxisteil noch Anregungen. Dann findest du bestimmt auch für dich und deinen Fellzwerg eine gute Variante, ein bisschen ›kontrollierte Ruhe‹ reinzubringen.

Und während dein Kleiner gut gesichert in seiner Box hoffentlich augenblicklich eindöst, hast du die Möglichkeit, zum Beispiel ein schönes, duftendes Schaumbad zu nehmen und dabei Entspannungsmusik zu hören.

Jawohl, auch mitten am Tag. Du befindest dich gerade schließlich im Ausnahmezustand. Werdenden Müttern nimmt ja auch keiner die Salzgurken- und Schokoladenorgien krumm.

Und nach dem Time-out kannst du dich wieder mit vollem Energiespeicher und schier grenzenloser Geduld deinem Fellzwerg widmen – ganz nach dem bekannten britischen Motto ›Keep calm and carry on‹.

Tipp # 3: Rede darüber

Du denkst, du bist allein mit deinen widersprüchlichen Gedanken? Der Enttäuschung, dass gerade alles ganz anders läuft als erträumt? Der Verzweiflung, weil es in eurer Beziehung ziemlich knirscht? Den heimlichen Vorwürfen, warum du ausgerechnet *jetzt* einen Hund in dein Leben geholt hast? Den Tränen?

Nein.

Akzeptiere, dass das, was du gerade erlebst, die eigentliche Normalität ist. Es gibt ganz viele Hundeeltern da draußen, denen es genauso geht wie dir gerade – und noch mehr Herrchen und Frauchen, die den Welpenblues schon erfolgreich hinter sich gebracht haben. Tausch dich mit ihnen aus. Im Internet findest du unzählige Forenbeiträge dazu. Google einfach mal unter Schlagwörtern wie ›Probleme mit Welpen‹, ›Mein Welpe hört nicht auf mich‹, oder ›Mein Welpe mag mich nicht‹. Es tut gut zu wissen, dass man nicht der Einzige ist, dem gerade keine pastellfarbenen Einhörner um den Kopf flattern und fröhlich Glitzerstaub pupsen.

Und wenn gerade gar nichts mehr geht: Schreib eine Mail an den kontakt@der-kleine-Hundeblog.de. Bis jetzt konnten Sophie und ich noch jeden akuten Welpenblues-Anfall auffangen. Und noch mehr freut uns, wenn wir kurze Zeit später die Nachricht bekommen, dass er endlich der Vergangenheit angehört, der blöde Blues.

Nur einen Punkt solltest du beachten: Such dir deine Gesprächspartner sorgfältig aus. Wenn du mit dem Fellzwerg unterm Arm zur besten Freundin oder der netten Nachbarin im Erdgeschoss marschierst und dich dort schluchzend auf den nächstbesten Sessel sinken lässt, kannst du dir deinen Monolog zum Thema ›*Ich hab so einen Riesenfehler gemacht!*‹ sparen.

Dein Gegenüber rutscht bestimmt inzwischen auf allen vieren hinter deinem Wonneproppen her, stößt schrille Schreie des Entzückens aus und stopft die Ursache deiner Verzweiflung mit Wiener Würstchen oder Käsewürfel voll. Zwischen dem ›*Nein, wie süüüüüß!*‹ und ›*Darf ich den behalten?*‹ bekommst du höchstens ein beiläufiges ›*Aber du wolltest doch unbedingt einen Hund?!?*‹ zu hören.

Und während du zerknüllte Taschentücher, angekaute Wurstzipfel und deinen übermüdeten Fellzwerg einsammelst, bereust du dein Outing bitterlich. Spätestens zuhause, wenn dein Kleiner beschließt, den aufregenden Besuch mit einem spontanen Brechdurchfall auf dem Teppich zu verarbeiten.

Tipp # 4: Lass dich nicht unter Druck setzen

Wenn man durch die unzähligen Ratgeber zum Thema Hundeerziehung (speziell im Welpenalter) blättert, wird man automatisch nervös. Da ist von ›Sozialisierungsaufgaben‹ und ›sich schließenden Entwicklungsfenstern‹ die Rede, von dem, was Welpen im Alter von drei bis vier Monaten ›können müssen‹.

Lass dich nicht verrückt machen! Setz dich und deinen Fellzwerg nicht zusätzlich unter Druck, weil du ihm tausend Dinge in ein paar kurzen Wochen zeigen und beibringen solltest. Es mag ja stimmen, dass Welpen bis zu ihrem vierten Lebensmonat besonders aufnahmefähig für (gute!)

neue Erfahrungen sind. Aber kein Hund hat einen eingebauten Zeitzünder, der irgendwann auf Null steht, und der danach gar nichts mehr lernt.

Wichtig ist in diesem Moment, dass dein Fellzwerg die Erfahrungen *positiv* verknüpft. In den ersten Lebensmonaten saugt er alle Erlebnisse und Eindrücke auf wie der sprichwörtliche Schwamm – aber nicht die reine Menge entscheidet, wie er später einmal auf eine Situation reagiert. Auch hier gilt: Qualität vor Quantität.

Du wirst im Praxisteil einige Vorschläge bekommen, was auf deiner Sozialisierungscheckliste stehen kann und welche Übungen dir gute Dienste auf dem Weg zum ›gut sozialisierten‹ Hund leisten – wobei jeder Hundehalter etwas anderes darunter versteht. Also nur keine Panik!

Deine Hauptaufgabe ist es jetzt, eine gute Basis zu schaffen, auf der ihr zusammen aufbauen könnt – siehe Teil 2 dieses Buches. Ob du deinem Welpen bereits in der elften Lebenswoche live den Unterschied zwischen ICE und S-Bahn erklärt hast, ist nur dann wichtig, wenn du ihn zum Zugbegleiter ausbilden willst.

Tipp # 5: Versetze dich in die Lage deines Hundes

Du denkst, nur *dein* Leben hätte sich von einem Tag auf den anderen komplett verändert? Na, dann überleg mal, wie sich dein Fellzwerg gerade fühlen muss!

Gestern:
Sicher und geborgen bei Mama und den coolen Geschwistern. Nennt es Welpenbox – ich nenn es das Paradies!

Heute:
In einer völlig unbekannten Umgebung – und zwar allein. Total allein. Wo ist Mama? Wo sind die anderen? Und wer sind diese komischen Zweibeiner, die so viele merkwürdige Geräusche ausstoßen? Ich will heim. Sofort.

Gestern:
In der Welpenbox ist alles erlaubt: wild mit den anderen toben, Sachen anknabbern, Lulu und Poo machen, wenn's gerade drückt. Und Mama leckt mir dann auch noch schön den Boppes sauber. Das Leben ist eine einzige Riesenparty.

Heute:
Ich darf nichts. Überhaupt nichts. Nicht mal, wenn ich muss. Und warum lassen Zweibeiner eigentlich lauter spannende Sachen herumliegen, wenn man sie nicht mal kurz ins Mäulchen nehmen darf? Dabei drücken die Milchzähne ausgerechnet jetzt gerade wieder ganz doll ... Oups, ist das Häufchen da von mir? Sorry, ist mir so rausgerutscht. Hey, kein Grund, gleich sauer zu werden!

Gestern:

Boah, ist das alles aufregend! Wie gut, dass ich immer mal schnell ein kleines Päuschen einlegen kann. Mama achtet nämlich drauf, dass wir alle unser Mittagsschläfchen halten – und wehe, eines von meinen Geschwistern rappelt dann noch im Karton. Dann gibt's einen ordentlichen Anraunzer.

Heute:

Boah, ist das alles aufregend! Eigentlich bin ich ja schon total groggy ... Komisch – hier kommt keiner und schickt mich ins Bett. Und wenn mir vor lauter Müdigkeit die Augen zufallen, stupst mich ein Zweibeiner und will irgendwas von mir. Vor allem diese laufenden Meter mit ihren Patschhänden und der Micky-Maus-Stimme. Ich glaub, ich krieg Migräne.

Gestern:

Gut, dass ich so eine coole Mama hab, die alle Hunderegeln in- und auswendig kennt und mir genau zeigt, wie das so läuft im Rudel. Demnächst bin ich besser erzogen als das englische Königshaus.

Heute:

Entschuldigung, ist ein Dolmetscher anwesend? Ich hab nicht den blassesten Schimmer, was die Zweibeiner von mir wollen. Ich soll in die *Welpenschule*? Warum das denn? Ich brauch keine anderen Welpen, ich brauch meine Mama. Und zwar sofort.

Schau ihn dir doch mal an, deinen neuen Mitbewohner. Je nachdem, was er schon erleben und erfahren durfte, ist er gerade leicht verwirrt bis total verunsichert. Und anstatt dass sein neues Rudeloberhaupt mal in die Puschen kommt und ihm die hier geltenden Spielregeln erklärt, sind nur Unruhe, Nervosität und Tränen angesagt.

Für deinen Hund ist die ganze Situation noch viel herausfordernder als für dich. *Du* durftest wenigstens in deinem gewohnten Umfeld bleiben, und was man wie, wo und wohin macht, weißt du auch.

Lass ihm Zeit, in seinem neuen Leben anzukommen.

Tipp # 6: Erinnere dich an die guten Argumente

Wie war das doch noch mal? Warum wolltest du einen Hund?

Genau. Wegen der tollen langen Spaziergänge durch die freie Natur, den kuscheligen Abenden zu zweit auf dem Sofa, den sportlichen Abenteuern auf dem Agility-Platz, den gemeinsamen Joggingrunden – kurz: Wegen all der coolen Sachen, auf die du den anderen Mensch-Hund-Teams so neidisch warst. Und obendrauf natürlich noch eine Extraportion Feenstaub und Glückskonfetti.

Ja, es ist noch ein weiter Weg bis zur ersten entspannten Wanderung ohne Leinenchaos, dem Pokal beim Agility-Wettkampf oder der fehlerfrei absolvierten Begleithundeprüfung. Ein sehr, sehr weiter Weg. Aber jeder Weg beginnt mit den ersten, kleinen Schritten!

Statt den Fokus auf die Schwierigkeiten, Probleme und Ängste zu legen, konzentriere dich auf das Positive. Akzeptiere das momentane Chaos – es geht vorbei. Schau doch mal, wie lieb er dich gerade anguckt, dein Traumhund! Wie süß er ist, mit diesen viel zu großen Pfoten und den Schlabberöhrchen ... Und wie konzentriert er deinen Hausschuh zerfetzt – der wird mal ein echtes Ass auf dem Hundeplatz!

Auch wenn im Moment alles Lässige, Entspannte in unerreichbarer Ferne zu liegen scheint – irgendwann ist es soweit. Ihr habt schon alles parat, was ihr dafür braucht: Nämlich euch beide. Knips doch einfach mal ein bisschen das Kopfkino an und stell dir vor, wie toll die Spaziergänge durch verschneite Winterlandschaften, blühende Wiesen, sonnige Felder und rotgolden schimmernde Wälder werden, und wie schön, wenn sich dein Hund wie Bolle über den gemeinsamen Feierabend mit dir freut.

Dein Fellzwerg macht bestimmt gerade das Gleiche – und krönt jeden Traum mit einer Extraportion Leckerlis.

Tipp # 7: Nimm's mit Humor

An dieser Stelle könnte ich dich jetzt mit einer seitenlangen Abhandlung über die Forschungsergebnisse zum Thema ›Positive Grundeinstellung‹ langweilen.

Tu ich aber nicht.

Stattdessen beschränke ich mich auf das Wesentliche: Mit Humor geht alles leichter. Schon ein paar Sekunden die Mundwinkel krampfhaft nach oben ziehen reicht aus, um deinem Gehirn einen spontanen Spaßanfall vorzugaukeln. Prompt belohnt es dich mit einem Zusatzbooster von Glückshormonen – und aus deinem gezwungenen Lächeln wird ein echtes.

Wem hilft es, wenn du gestresst, wütend oder verzweifelt bist? Niemandem. Schon gar nicht dir und deinem Fellzwerg.

Stell dir doch einfach mal vor, du bist Teilnehmer an einer total witzigen Reality-Show, bei der alles drunter und drüber geht.

Die dritte Pfütze innerhalb von zehn Minuten? Das gibt einen Extra-Punkt. Und ein Gratisaktienpaket eines bekannten Haushaltspapierherstellers.

Ein angekauter Schuh? Gib's zu, du fandest diese Ballerinas schon letzten Sommer nicht mehr schick. Du darfst dich mit einem neuen Paar belohnen. Oder zwei. Nur für alle Fälle.

Du steckst mitten im wilden Welpenwahnsinn – also darfst du dich auch entsprechend verhalten. Dein Fellzwerg kann im Normalfall deine Mimik schon jetzt besser lesen, als du jemals seine. Und lachend findet er dich viel toller als verkniffen und angespannt. Gute Laune ist nämlich ansteckend!

Und vor allem:

Tipp # 8: Sei nicht so streng

Weder mit dir noch mit dem Hund.

Auch wenn man gerade als Neuling nach der Lektüre diverser Ratgeber das Gefühl hat, jede Stunde ohne Erziehungsmaßnahmen sei eine unwiederbringlich verlorene Stunde – ihr habt alle Zeit der Welt, du und dein Hund. Du bist kein Roboter, der immer und überall fehlerfrei zu funktionieren hat. Und dein Hund übrigens auch nicht.

Würdest du von einem winzigen Menschenkind erwarten, dass es kurz nach der Geburt kerzengerade am Esstisch sitzt und sämtliches Besteck richtig einsetzt? Seine Stoffwindeln eigenhändig in die Waschmaschine steckt, das passende Programm auswählt und alles faltenfrei bügelt? Fließend in einer Fremdsprache kommuniziert? Bestimmt nicht, oder?

Ja, Erziehung ist wichtig, und du wirst in den folgenden beiden Kapiteln noch genügend Anregungen bekommen, welche Aufgaben du mit deinem Fellzwerg trainieren solltest, damit ihr überall ein gern gesehenes Mensch-Hund-Team seid. Aber im Moment ist etwas ganz anderes wichtig – viel wichtiger als jedes einstudierte Sitz-Platz-Bleib. Es geht um die Basis eurer Beziehung, das Fundament, auf das alles andere aufbaut.

Mach nicht den gleichen Fehler wie ich (und viele andere frischgebackene Herrchen und Frauchen, übrigens) und konzentriere dich sofort ausschließlich auf die gewaltige, einschüchternde Aufgabe namens ›Erziehungsarbeit‹. Beim Hausbau würdest du ja auch nicht mit dem zweiten Stockwerk anfangen, oder vielleicht sogar gleich beim Dach. Erst kommt der Keller. Und je stabiler und stärker das Fundament, desto besser fürs Haus – besser gesagt, eure lebenslange Beziehung.

Also, ran an Schaufel und Betonmischer.

TEIL 2

Best of Basics – Der Beginn einer wunderbaren Beziehung

Keine Erziehung ohne Beziehung

Nochmal ein herzliches Willkommen an alle, die das Thema Welpenblues überspringen konnten – schön, dass du ab jetzt wieder dabei bist!

Und wer noch im Blues steckt: Wie geht es dir denn inzwischen? Bist du schon bereit für ein bisschen Beziehungstraining mit deinem Fellzwerg?

Ran an die Beziehung(sarbeit)!

Wie schon im letzten Kapitel angekündigt, geht es jetzt um das Wichtigste überhaupt – dem Aufbau einer stabilen, positiven Beziehung zwischen deinem Hund und dir. Leider wird dieses Thema oft nur ganz beiläufig erwähnt, wenn es um die ersten Tage und Wochen mit dem dėn vierbeinigen Neuzugang geht.

Die sogenannte Sozialisierung, also das Kennenlernen der Umwelt und die Fähigkeit, mit anderen Lebewesen angemessen zu kommunizieren, ist nämlich nur ein Teil dieses Beziehungsaufbaus. Genau wie die Erziehung, mit der du natürlich gleich loslegen darfst (und sollst) – jede Menge kleiner Übungen dazu findest du in Teil 3 dieses Buches. Und bestimmt wirst du auch in Null Komma Nix schon erste Erfolge beim Sitz oder Platz feiern können. Aber spätestens, wenn irgendwas interessanter ist als das Leckerli in deiner Hand (also vor allem draußen eigentlich *alles*), löst sich die Euphorie ganz schnell in Luft auf. Und in ein paar Monaten, wenn du vor der nächsten Prüfung deines Nervenkostüms – genannt Pubertät – stehst, wirst du dir vor Wut und/oder Verzweiflung in die Leine beißen, während deine Krawallmaus gerade den Hundeplatz aufmischt oder einen stundenlangen Ausflug ins Unterholz unternimmt. Natürlich ungefragt und unerlaubt.

Du bist nämlich gerade auf den letzten Platz der To do-Liste deines Vierbeiners gerutscht – unter den Punkt: ›Unverbindlicher Geschäftstermin ohne weitere Verpflichtungen‹. Vor dir kommen all die Dinge auf der Liste, von denen sich dein Hund Spaß, Spannung und Abenteuer verspricht. Du bist, Entschuldigung für die offenen Worte, nur der strunzlangweilige Typ, der das Essen serviert und hin und wieder so tut, als wäre er der Chef.

Aber – und das ist die gute Nachricht – dir bleiben bis dahin noch eine Menge Zeit und ein paar hilfreiche Welpeneigenschaften, um ein richtig stabiles Fundament zu legen: das Fundament eurer Hund-Mensch-Partnerschaft.

Oder, um's etwas peppiger auszudrücken: Werdet einfach das genialste Team der Welt! Dann sind die Kumpels auf der Hundewiese natürlich auch noch richtig spannend, aber Herrchen und/oder Frauchen noch viel toller. Spätestens nach zwei Minuten – die dir zwar wie eine halbe Ewigkeit vorkommen, aber immer noch besser sind als die Viertelstunde Plus ohne stabile Beziehung zu deinem Hund.

Der erste Schritt

Der erste Schritt auf dem Weg zu einer richtig coolen Hund-Mensch-Beziehung ist so simpel wie entscheidend: das pure Wissen um deren Wichtigkeit. Mach dir klar, dass dein wichtigster Job im Moment ist, für das kleine Wesen zu deinen Füßen ein vertrauenswürdiger, verlässlicher und supertoller Teamchef zu werden.

Ja, du hast richtig gelesen. *Teamchef*. Nicht cooler Kumpel, bester Freund oder Seelengefährte. Das kommt alles noch.

Im Augenblick muss dein Fellzwerg erleben dürfen, dass du der Beste bzw. die Beste bist. Du weißt, wo es ganz tolles Futter gibt, du kennst die sichersten Schlafplätze, und du zauberst das coolste Spielzeug aus der Luft. Mit dir zusammen ist es sogar draußen in der freien Wildbahn ungefährlich, selbst für eine Handvoll Hund – und was du alles für tolle Ideen hast! Treffen mit anderen Hundebabys, mit denen man herrlich balgen kann, aufregende Ausflüge in die Welt der Menschenwesen ...

Du bist im Moment so etwas wie die Superhundemama für deinen Kleinen. Eine ganz schön herausfordernde Aufgabe, wenn man bedenkt, dass du sie quasi in Menschen- *und* in Hundelogik gleichzeitig meistern musst. Aber keine Angst. Hier kommen knackige Praxisbeispiele für dich – in diplomatischen Kreisen auch als vertrauensbildende Maßnahmen bekannt.

Aufgabe 1: Lerne deinen Hund kennen

Für uns Menschen ist es entscheidend, den Partner bzw. die Partnerin richtig gut kennenzulernen, damit es mit der Beziehungskiste auf Dauer klappt. Vorlieben, Schwächen, Ticks und Schokoladenseiten – all diese Eigenschaften und Angewohnheiten machen einen Charakter aus (und sorgen dafür, dass es auch nach Jahrzehnten Ehe nie langweilig wird).

Vom Blinddate zum Traumpaar

Du und dein Fellzwerg, ihr befindet euch quasi gerade in der Dating-Phase. Auf den ersten Blick fandet ihr euch schon mal richtig sympathisch. Jetzt wird's spannend.

Was ist das eigentlich für einer, dein Hund? Was steckt unter dem Flauschfell? Die Antwort auf diese Frage erhältst du, wenn du das machst, was im Moment eine deiner Hauptaufgaben ist: Dich mit deinem Fellzwerg beschäftigen, sobald er munter ist.

Keine Panik: Welpen haben ein extremes Schlafbedürfnis. Das unsichtbare ›Bitte nicht stören!‹-Schild hängt bis zu 22 Stunden pro Tag an seinem Körbchen. Bleiben also zwei, drei Stunden täglich, in denen sich der Fellzwerg deine volle Aufmerksamkeit wünscht. Die solltest du ihm dann aber auch ungehindert schenken.

Angsthäschen oder Superdog?

Beobachte, wie sich dein Fellzwerg in den verschiedenen Situationen verhält. Ist er eher von der stürmischen Sorte? Der Draufgänger vom Dienst? Albert er sich durch den Tag wie Captain Jack Sparrow auf der Black Pearl? Oder ist er schüchterner als Schneewittchen? Vorsichtiger als Annika aus Pippi Langstrumpf? Musst du ihn also eher etwas bremsen? Oder anfeuern und ermutigen?

Falls du eine Welpenschule besuchst, hast du vielleicht schon mal mit deinem Fellzwerg zusammen eine Art Hindernislauf absolviert – immer unter den strengen Blicken der Trainer, die euch durch den Parcours begleiten. Dabei darf dein Hund zeigen, wie er auf unbekannte Gegenstände oder Untergründe reagiert. Manchmal sind auch so gruselige Dinge wie knisternde Folie oder sogar schon ein kurzes Stück Stofftunnel dabei.

Je nach Charakter und bisher gemachten Erfahrungen spaziert dein Fellzwerg völlig unbekümmert zwischen Flatterbändern und Wackelkissen herum – oder er braucht etwas mehr (moralische) Unterstützung.

Und immer ganz viel Lob, natürlich. Freu dich wie Bolle, was du für einen tollen Hund hast – und zeig es ihm!

Wo wir gerade beim Thema sind: Ein Wort zu ...

Welpenschulen, Hundekindergärten und Co.

›Ein Hund muss in die Welpenschule, damit er gut sozialisiert wird!‹

Diesen Rat wirst du bestimmt auch schon gehört oder gelesen haben – und er hat auch seine Berechtigung. Ich würde den Satz nur gerne etwas umformulieren. Ein Hund soll eine *gute* Welpenschule (beziehungsweise später eine *gute* Hundeschule) besuchen dürfen. Leider gibt es – wie in der Menschenwelt – hervorragende und weniger hervorragende Lehranstalten. Und genau wie bei uns erkennt man die Unterschiede nicht immer auf den ersten Blick, sondern erst auf den zweiten oder dritten.

Vereinbare also erstmal eine Probestunde, bevor du eine Zehnerkarte kaufst oder sogar gleich die Beitrittserklärung zu dem Hundesportverein unterschreibst. Seriöse Hundeschulen – egal ob im Verein oder bei einem privaten Trainer – bieten diese Möglichkeit von sich aus an.

Auch wenn's bei dem ganzen Gewusel und Gewimmel zuckersüßer Welpen schwer wird: Versuche, dir einen Gesamteindruck zu verschaffen. Vielleicht kann auch ein anderes Familienmitglied beim Probetraining zuschauen? Vier Augen sehen immer mehr als zwei.

Am besten machst du dir vorher eine kleine Checkliste, auf der zum Beispiel folgende Fragen stehen:

- Wie groß ist die Welpengruppe? Können die Trainer alle(s) im Blick behalten?
- Gehen die Trainer auf das einzelne Mensch-Hund-Team ein? Geben sie Tipps, individuelle Hilfestellungen und begleiten es auch einmal intensiver durch eine schwierigere Situation?

- Beantworten die Trainer alle Fragen der Teilnehmer – vielleicht sogar ganz in Ruhe nach der Welpenstunde?
- Wird Wert auf variantenreiche, spannende Übungen gelegt oder nur auf Sitz-Platz-Bleib?
- Wie ist die Gesamtstimmung in der Gruppe? Wie wird kommuniziert? Herrscht ein eher rauer Umgangston, oder strahlen die Trainer Ruhe und Gelassenheit aus?
- Arbeiten die Trainer mit (veralteten) Methoden wie Leinenruck, Zu-Boden-Drücken und sonstigen Bestrafungen? Oder zeigen sie dir, wie du angemessen und sanft korrigieren kannst?
- Wird hauptsächlich mit Belohnungen gearbeitet und motiviert – oder mit Strafen ›erzogen‹? Gilt das Motto: *›Da muss ein Hund halt durch?‹*
- Achten die Trainer darauf, wie sich die Welpen untereinander verhalten? Wird sofort eingegriffen, bevor eine harmlose Balgerei in ein echtes Mobbing ausartet – oder fällt der Spruch *›Das machen die schon unter sich aus …‹*? (Kleiner Hinweis: Sobald du diesen Satz hörst, pack deinen Fellzwerg und suche das Weite.)
- Sorgen die Trainer für ausreichend Pausen, damit die Fellzwerge (und ihre Herrchen und Frauchen) nicht überfordert werden?

Und – ganz wichtig:

- Was sagt dein Bauchgefühl? Fühlst du dich wohl beim Training? Fühlt sich dein Fellzwerg wohl? Wie verhält er sich? Ist er komplett aufgedreht? Verunsichert? Ängstlich? Kommt er zuhause kaum zur Ruhe?

Natürlich ist vor allem der erste Besuch einer Welpenschule ein absolut aufregendes Ereignis für deinen Fellzwerg. Eine komplett neue Umgebung, fremde Menschen, unbekannte Gerüche und Geräusche … Und die vielen anderen Klassenkameraden erst! Dass es mit der Konzentration auf die einzelnen Übungen dann etwas schwierig wird, ist kein Wunder.

Aber trotzdem solltest du ein richtig gutes Gefühl haben. Der Besuch der Welpenschule muss euch beiden Spaß machen! Falls es das nicht tut, ist höchste Zeit für einen neuen Versuch. Wir haben mit Sophie zwei Mal gewechselt, bevor wir endlich die ›richtige‹ Trainerin für uns gefunden hatten – allerdings erst, als Sophie bereits aus dem Welpenalter heraus war. Mach diesen Fehler bitte nicht. Ein guter Trainer unterstützt dich und deinen Hund ganz individuell und nimmt Rücksicht auf Charakter und Persönlichkeit deines Fellzwergs.

Wenn nicht, richtet der Besuch dieser Welpenschule mehr Schaden als Nutzen an – gerade jetzt in der sensiblen Phase der ersten Lebensmonate, wo Erfahrungen besonders intensiv erlebt und abgespeichert werden. Kontakt zu anderen Artgenossen ist sehr wichtig für einen jungen Hund, aber es muss ein guter, positiver Kontakt sein. In einer Welpengruppe, in der aus einer kurzen, kontrollierten Spielrunde ständig eine hemmungslose Rempel- und Randalerunde wird, lernt dein Fellzwerg garantiert nur, wie Mobbing unter Hunden funktioniert.

Viele Übungen aus dem Welpenunterricht, wie zum Beispiel das Kennenlernen verschiedener Untergründe, kannst (und sollst) du ja auch ganz einfach in dein tägliches ›Beschäftigungsprogramm‹ einbinden.

Das ist sogar Indoor möglich: Ein bisschen Knisterfolie oder Packpapier findet sich bestimmt im Haushaltsschrank, und wenn du dich selber mit diesen aufblasbaren Sitzkissen oder Balance-Pads fit hältst, hast du auch schon mit wenigen Handgriffen einen tollen Parcours aufgebaut, auf dem du mit deinem Fellzwerg zusammen trainieren kannst.

Dabei ist nicht die Höhe eines Wackelkissens oder die Menge an Knisterfolie entscheidend, sondern die Lernerfahrung, dass dein Hund dir immer und überall vertrauen kann – sogar, wenn es unter den Pfoten so komisch raschelt und wippt. Wie eine gute Hundemama zeigst du ihm, dass er keine Angst haben muss, denn du bist total tough und gelassen – und absolut geduldig, wenn mal was nicht auf Anhieb klappt.

Wie immer.

Also, wie gut kennst du deinen Fellzwerg inzwischen? Musst du seinen Entdeckerdrang eher etwas zügeln oder ihn ganz sanft an neue Abenteuer heranführen?

Nicht vergessen – dein Fellzwerg ist noch ein Baby. Genau wie kleine Menschenkinder muss er in seinen ›richtigen‹ Charakter reinwachsen. Meistens sind Hunde in ihrer Welpenzeit viel wuseliger, tollpatschiger und ungestümer – aber dafür lieben wir sie ja auch so, oder?

An dieser Stelle noch ein Wort zu ...

Angst (essen Seele auf)

›Angst essen Seele auf‹

So lautet der Titel eines Films vom Kultregisseur Rainer Werner Fassbinder. Und so könnte auch der Zustand bezeichnet werden, den viele Hunde zum Beispiel im Wartezimmer des örtlichen Tierarztes oder rund um Silvester bekommen.

In vielen Ratgebern vor allem älteren Datums wird die These vertreten, dass man einen ängstlichen Hund *auf gar keinen Fall* (füge gedanklich hier bitte mindestens fünf Ausrufezeichen hinzu) trösten dürfte. Unruhe, Unbehagen und vor allem Furcht seien einfach zu ignorieren – sonst unterstütze man das ›ungewünschte Verhalten‹ mit der Folge, dass der Hund beim nächsten Silvesterböller völlig panisch reagiere. Herrchen bzw. Frauchen haben ja gezeigt, dass ihnen so ein Kracher auch furchtbar viel Angst macht, und wenn die schon nervös werden, ist die Sache für einen kleine Handvoll Hund schließlich lebensbedrohlich. Hiiilfe!

Ganz ehrlich: Wie fühlst du dich, wenn du im Wartezimmer deines Zahnarztes sitzt und dir eine echt fiese, schmerzhafte Wurzelbehandlung droht? Wärst du nicht auch froh, wenn dir die Sprechstundenhilfe ein freundlich-aufmunterndes Lächeln schenken würde, ein lockeres ›*In einer halben Stunde haben Sie's hinter sich!*‹ flötet und vielleicht noch deine Lieblingszeitschrift herbeizaubert, damit du dich ein bisschen von den fiesen Bohrgeräuschen aus dem Behandlungsraum ablenken kannst?

Oder möchtest du lieber ignoriert werden? Die verächtlichen Blicke der anderen Patienten auf dir spüren, während du dir heimlich die schweißnassen Hände an der Jeans abwischst? Ein abfälliges ›*Na, Sie stellen sich ja aber mal an!*‹ hören?

Deinem Fellzwerg geht es genauso. Er hat sich die Angst vor einer Situation, einem Geruch oder einem Geräusch nicht ausgesucht – und diese Angst verschwindet garantiert nicht einfach, nur weil du energisch in die andere Richtung schaust. Nimm seine Gefühle ernst!

Aber – und jetzt kommt der entscheidende Punkt: Ernstnehmen heißt nicht ebenfalls Angst zeigen. Ernstnehmen heißt, dem Hund zu beweisen, dass man seine Furcht erkannt hat, aber dass es keinen Grund für diese Furcht gibt. Es ist völlig okay, dass sich deine Fellnase im Wartezimmer eines Tierarztes unwohl fühlt. In der Luft liegen so viele fremde (und beängstigende) Gerüche, die anderen vierbeinigen Patienten sind unruhig, es wird gehechelt, gefiept, gemaunzt ...

Lenk die Aufmerksamkeit deines Hundes auf dich, solange er noch nicht zu sehr ›angesteckt‹ ist. Sprich mit ihm, leg ihm deine Hand auf die Schulter, falls er diese Beruhigungsgeste mag, und ja, du darfst deinen Hund auch auf den Schoß nehmen, wenn er sich dadurch besser und sicherer fühlt. Eine entsprechende Übung findest du übrigens später im Kapitel ›Entspann dich mal ...‹.

Die Kunst ist, dabei selber so viel Ruhe und Gelassenheit auszustrahlen, dass sogar ein buddhistischer Mönch neidisch wird.

Ohmmm ...

Genau hierin liegt nämlich der Unterschied zu dem befürchteten Verstärken eines ›Angstproblems‹. Wenn du ebenfalls nervös wirst, deine Stimme immer schriller und deine Hände immer feuchter werden, spürt dein Hund sofort, dass seine Angst begründet ist.

Herrchen und/oder Frauchen haben auf Panikmodus umgestellt? Okay, das ist übel. Richtig übel.

Und schon schaukeln sich Angst, das entsprechende Verhalten und die daraus folgenden körperlichen Reaktionen Hand in Hand hoch, bis irgendwann nur noch Chaos im Hundeköpfchen herrscht – und der Wunsch, sich ganz schnell irgendwo zu verkriechen. Am besten weit, weit weg.

Im Normalfall hat dein Fellzwerg in seinem zarten Alter hoffentlich noch keine traumatischen Erfahrungen gemacht. Deine Chancen stehen also bestens, dass du ihm durch dein entsprechend mit*fühlendes*, aber nicht mit*leidendes* Verhalten hilfst, mit neuen, unbehaglichen Situationen klar zu kommen. Zeig deinem Fellzwerg, dass du weißt, wie es ihm gerade geht – aber dass du alles im Griff hast.

Ja, sogar die Untersuchung beim Tierarzt.

Und wenn alles überstanden ist, gibt's eine besonders tolle Belohnung.

Versprochen!

Alles eine Frage der Belohnung – Liebe geht (nicht immer) durch den Magen

Kommen wir zu einem extrem wichtigen Bestandteil eurer Beziehung: der Motivation (auch bekannt als Belohnung).

Hunde sind nämlich die geborenen Opportunisten. Sie tun oder lassen etwas, weil sie sich einen Vorteil davon versprechen. Solltest du ein vierbeiniges Exemplar erwischt haben, dass quasi nur von Luft und (deiner) Liebe leben kann – herzlichen Glückwunsch! Millionen von Herrchen und Frauchen, Trainern und Verhaltenswissenschaftlern haben ihr Leben lang auf genau *diesen Hund* gewartet.

Für alle anderen gilt: Wir müssen herausfinden, um welchen Vorteil es sich handelt – und ob wir ihn überhaupt als Belohnung nutzen können.

Was also findet dein Fellzwerg gut, und was totaaaaal superduper? Ist für ihn ein Leckerli als Belohnung das Größte, oder wünscht er sich eine Runde Zergeln, wenn er etwas toll gemacht hat? Oder lieber Ball spielen? Das Plüschspielzeug zum Quietschen bringen? Freut er sich über ein Streicheln oder vielleicht sogar ein leichtes Klopfen auf die Schulter? Oder mag er hinter dem Ohr gekrault werden als Zeichen der Anerkennung?

Probier es aus!

An die ›körperlichen Belohnungaktionen‹ solltest du dich aber vorsichtig herantasten: Sehr viele Hunde empfinden Berührungen wie Streicheln oder Tätscheln eher als unangenehm.

Du merkst es am besten an der Reaktion deines Hundes. Weicht er spontan deiner Hand aus? Fährt er sich mit der Zunge über die Nase? Gähnt er? Kratzt und schüttelt er sich? Diese kleinen Gesten sind oft Übersprungshandlungen und dienen der Stressreduzierung. Und Stress willst du deinem Fellzwerg ja ganz bestimmt nicht machen – schon gar nicht beim

Belohnen. Wenn du (so wie ich) einen Hund zuhause hast, der gerne selbst bestimmt, wann und wie lange ihm zum Kuscheln und Bauchkraulen zumute ist: akzeptiere es. Und genieße die Momente, in denen dein Fellzwerg deine Nähe sucht, umso mehr.

Vielleicht möchtest du auch einmal die sogenannte ›Zuneigungsgeste‹ ausprobieren? Das ist ein sanftes Streicheln mit dem Handrücken seitwärts am Maul entlang. Es imitiert die Art, wie sich Hunde mit der Nase anstupsen, die sich mögen.

Sophie findet dieses Streicheln übrigens absolut doof und reagiert darauf mit nervösem Über-die-Nase-lecken bei gleichzeitig eingelegtem Rückwärtsgang. Was mal wieder der beste Beweis für meine Theorie ist, dass es kein 08/15-Patentrezept im Leben mit einem Hund gibt.

Jeder Vierbeiner ist anders – achte also ganz genau darauf, wie *dein* Hund auf etwas reagiert. Egal, ob die Methode A, B oder C gerade total in ist – finde den für euch beide am besten passenden Weg!

Schnell wieder zurück zur (richtigen) Belohnung – und wie du sie als Motivation einsetzen kannst. Bei manchen Hunderassen hilft dir Mutter Natur. Einige Bedürfnisse unserer Vierbeiner sind nämlich selbstbelohnend, wie zum Beispiel das Apportieren für einen Labrador oder Golden Retriever. Ihnen liegt der Spaß an der Sache im wahrsten Sinne des Wortes im Blut.

Bei solchen Hunden wird's für dich einfach – nutze einfach das bereits eingebaute natürliche Belohnungssystem, indem du gutes Verhalten zum Beispiel mit einer Runde Zergel-Tragen honorierst (die beliebten Holzstöckchen haben den Nachteil, dass sie gerne mal zwischen scharfen Hundezähnchen zersplittern und üble Verletzungen im Rachen- oder sogar Magen-Darm-Trakt anrichten können). Das schont deinen Geldbeutel ungemein – *und* ist auch noch gut für die Figur deines Hundes.

Leider ist es so, dass wir nicht jedes selbstbelohnende Verhalten einfach kurzerhand übernehmen können, um unsere Vierbeiner zu motivieren – denk nur mal an die Jagdleidenschaft eines Weimaraners oder die Buddelbegeisterung von Terriern. So genial es für deinen Hund auch wäre, nach einem perfekten Sitz sofort dem nächsten Hasen hinterherzuspurten: Diese Art von genetischer Prägung kannst du leider nicht nutzen. Wann hat man schon einen Hasen zur Hand, wenn man ihn braucht …

Im Ernst: Du brauchst in diesem Fall also eine coole Alternative, die für deinen Hund ein echtes Highlight darstellt und ihn motiviert, beim nächsten Mal sofort wieder ein formvollendetes Sitz auf den Asphalt zu zaubern, wenn du ihn dazu aufforderst. Der handgerollte Honig-Hirsch-Hundekeks ist sicher nicht ganz zu verachten, aber für einen passionierten Jäger gibt es Schöneres.

Probiere es in diesem Fall doch mal mit einem zackig geworfenen Futterdummy, dem dein Hund nach›jagen‹ und den er mit stolzgeschwellter Brust zurückbringen darf. Dann ist bestimmt auch der handgerollte Honig-Hirsch-Hundekeks, der sich im Dummy verstecken kann, viel interessanter.

Und die Hasen freuen sich.

Belohnen statt bestechen

Viele Hundeeltern übersehen, dass es einen kleinen, aber feinen Unterschied zwischen Belohnung und Bestechung gibt – zumindest für ihren Hund.

Eine Belohnung zeichnet sich dadurch aus, dass sie einen echten Mehrwert bietet, eine besondere Motivation, das ›gute‹ Verhalten (das auch mal ein Unterlassen eines Verhaltens sein kann, wie zum Beispiel das Anspringen der Hausgäste) gerne wieder zu zeigen. Diese Belohnung muss nicht immer in Form von Leckerli erfolgen, wie wir gesehen haben. Auch eine ausgiebige Schnuppertour am Wegesrand oder die ›Jagd‹ nach dem Futterdummy kann für deinen Hund eine echte Belohnung sein.

Bestechung dagegen ist das stupide, automatisierte ›Leckerli-Werfen‹ ohne Abstufung. Gerne setzen Vierbeiner dabei ihren sprichwörtlichen Dackelblick ein, um sich noch einen Hundekeks zu erbetteln, und dann noch einen ...

Im fortgeschrittenen Stadium klappt das dann auch bestens, ohne dass man ein hübsches Platz auf dem Wohnzimmerteppich geboten hat. Einfach nur den Kopf leicht schräg legen und ein bisschen fiepen – und schon rücken Herrchen und Frauchen ein Goodie raus.

Woher ich weiß, wie das funktioniert mit dem Dackelblick? Na, frag mal Sophie. Die hat ihn quasi erfunden ...

Das große Problem liegt bei der Bestechungsvariante darin, dass dein Hund ganz schnell beginnt, sie auf einer Skala von 0 (›*Ach komm, lass stecken*‹) bis 10 (›*Suuuuuper!*‹) einzuordnen – selbstverständlich situationsbedingt.

Sprich: Sobald ein anderer Reiz verlockender ist, verliert dein Leckerli an Charme. So rutscht dein handgerollter Hundekeks mit Honig-Hirsch-Geschmack im Bruchteil einer Sekunde von einer respektablen 8,7 auf die mickrige 0,1 ab, während der Boxer-Rüde am Horizont, dem man immer schon mal die Meinung sagen wollte, aus dem Stand die 9,9 knackt. Den Keks gibt's später schließlich auch noch für ein einfaches Sitz auf dem Gehweg.

Manche Verhaltensforscher sehen es sogar schon als Bestechung an, wenn du zum Beispiel deinen Hund mit einem Leckerli in der Hand zu dir lockst. Dein Hund sieht seine Belohnung nämlich, *bevor* er etwas richtig gemacht hat. Ich muss zu meiner Schande gestehen, dass wir Sophie in ihren Welpentagen öfter bestochen haben – und es hin und wieder sogar noch tun. Über manche Klippen im Leben hilft eben nur Lachscreme in der Tube hinweg. Und mit einem Leckerli vor der Nase bekommen wir eben immer Sophies vollste Aufmerksamkeit, egal, was gerade um uns herum passiert.

Wie du nicht in die ›Bestechungsfalle‹ tappst? Indem du weißt, was dein Hund als echte Belohnung ansieht – und ihn auch mal überraschst. Während du ihn am Anfang einer Übung für jeden Erfolg belohnst, darfst du, sobald es schon gut klappt, auch mal variieren. Dann gibt es nicht mehr für jedes Sitz die Belohnung, sondern nur noch für jedes zweite oder dritte. Eine überraschende positive Verstärkung eines Verhaltens wirkt nämlich viel stärker als ein immer gleich dosiertes Leckerli-Werfen. Du freust dich doch sicherlich auch mehr über ein Überraschungsgeschenk, oder?

Aber bitte vergiss nicht, dass es viele Wiederholungen braucht, bis dein Hund ein bestimmtes Verhalten generalisiert hat – sprich: er das vielzitierte Sitz nicht nur während der Welpenschulstunde auf dem Hundeplatz zeigt, sondern immer und überall dann, wenn du es dir von ihm wünschst. So lange solltest du deinen Hund auch konsequent belohnen.

Und was ebenfalls keine so gute Idee ist: Irgendwann ganz auf die Belohnung verzichten. Das Motto *›Der Hund macht das alles, weil er mich so sehr liebt‹* klingt zwar wunderbar romantisch, ist aber nicht in der Hundelogik verankert.

Nicht vergessen: Für Hunde muss sich ein Verhalten lohnen. Und wenn es nur die Aussicht auf eine Runde Dummy-Werfen oder den Schlubber Lachscreme ist, für den Sophie alles tut.

Na ja, fast alles.

Da war doch noch was ...

Vielleicht ist es dir schon aufgefallen? Bis hierhin war nur von Belohnungen materieller Art die Rede. Wir sind allerdings Menschen – und das bedeutet, dass wir in bester Primatenmanier am liebsten ständig sprachlich interagieren. Oder anders gesagt: Wir müssen reden. Je nach Charakter und Geschlecht praktisch andauernd.

Auch wenn Hunde nicht vorrangig über Laute kommunizieren, sondern ein ganzes Arsenal an Verständigungsmitteln auf Lager haben, können wir unseren natürlichen Rededrang prima bei der Motivation unserer Hunde einsetzen. Und zwar genau in der Sekunde, um sie genau im richtigen Moment positiv zu bestärken – so schnell hat man kein Leckerli in der Hand.

Negativ natürlich auch. Nicht umsonst denken viele Hunde, sie würden ›*Lunalassdas*‹ oder ›*Buddyneinnnnn!*‹ heißen.

Aber bleiben wir erstmal bei der Bestärkung eines (Nicht)Verhaltens. Du darfst dir jetzt gleich mal ein schönes Wort für ein Lob ausdenken – das brauchst du nämlich spätestens bei unseren gemeinsamen Übungen in Teil 3 dieses Buches. Dann wirst du ständig über den Begriff Markersignal oder Codewort stolpern.

Wie wäre es denn ganz klassisch mit ›*Fein!*‹ oder ›*Prima!*‹? Oder lieber ganz international ›*Yesss!*‹? Deiner Phantasie sind keine Grenzen gesetzt. Das Belohnungswort sollte nur kurz und knapp sein, und ganz speziell in diesem Zusammenhang gebraucht werden. Und die Stimmlage darf gerne etwas höher und freudiger sein, als du sonst sprichst.

Also, ab sofort gibt's ein fröhliches ›*Fein!*‹ (oder was immer du dir ausgedacht hast), wenn dein Fellzwerg etwas richtig macht. Und zwar so schnell wie möglich. Angeblich haben wir nur eine halbe Sekunde bis knapp zwei Sekunden Zeit, damit ein Hund eine Bestätigung mit der entsprechenden Handlung verknüpft. Spätestens wenn du etwas weiter von deinem Hund entfernt bist, wird's mit einem Leckerli in dieser Zeitspanne schwer bis unmöglich. Deswegen also das Markersignal, in diesem Fall das gejubelte ›*Fein!*‹.

Vielleicht hast du auch schon mal vom sogenannten ›Klickern‹ gehört. Klicker sind diese kleinen Knackfrösche, die du bequem in der Hand halten und drücken kannst, sobald deine Fellnase etwas Tolles gemacht hat. Falls du übrigens richtig ins Klicker-Training einsteigen willst: Es gibt zu diesem Thema eine riesige Menge an Literatur und Videomaterial.

Das System an sich ist super: Eine schnelle, immer gleich klingende Bestätigung eines tollen Verhaltens. Der Nachteil liegt auf der Hand (beziehungsweise genau dort nicht). Theoretisch müsstest du den Klicker ständig griffbereit bei dir haben, damit du innerhalb von Sekundenbruchteilen akustisch belohnen kannst. Das ist bei gezielten Übungssequenzen kein Problem. Auf Gassigängen oder einfach so im Alltag allerdings schon. Genau aus diesem Grund liegt unser Klicker seit geraumer Zeit im Schrank und verstaubt, während wir weiterhin unser ›*Fein!*‹ durch die Gegend jubeln.

Du kannst natürlich statt Klicker auch ein Zungenschnalzen oder sonst irgendein unverwechselbares Geräusch einsetzen – es sollte nur laut genug sein, dass es eine ordentliche Entfernung überbrücken kann.

Und schnell genug für die halbe Sekunde Frist.

Fast noch wichtiger als der Tonfall ist für deinen Hund eine andere Art der Sprache: die Körpersprache.

Besonders am Anfang ist man auf alles konzentriert, nur nicht darauf, wie man eigentlich im Gesamtpaket auf den Hund wirkt – ein Klassiker übrigens, wenn es Schwierigkeiten beim Rückruf gibt.

Im Falle einer positiven Bestärkung muss auch dein Körper ›loben‹. Also, mach dich eher klein, lehne dich etwas zurück, wende dich ein bisschen ab. Viele Hunde, besonders die kleineren, empfinden ein Darüberbeugen als sehr unangenehm.

Das gilt übrigens auch beim An- oder Ableinen! Oft wird das Zurückweichen vor dem Karabinerhaken als Sturheit oder Ungezogensein interpretiert – stattdessen ist es vielleicht nur ein Ausdruck von Unsicherheit und Beschwichtigung. Wenn also auch dein Fellzwerg vor der Leine gerne munter Reißaus nimmt, beobachte mal, wie du dich ihm näherst und ihn anleinst. Mach dir immer bewusst, wie groß die Größen- (und Gewichts)-Unterschiede zwischen euch sind. Was würdest du tun, wenn ein grüngesichtiger Mister Hulk auf dich zugestapft kommt, die Fäuste geballt und den Kopf vorgereckt?

Kleiner Tipp: Man selbst kann seine Körperhaltung (und deren Wirkung auf einen Hund) oft nur schwer einschätzen. Lass dich einfach mal filmen, wenn du mit deinem Fellzwerg übst. Du wirst überrascht sein ...

Aufgabe 2: Stell die Hausordnung auf

Positive Bestärkung von gutem Verhalten ist die eine Seite der Medaille. Die andere ist es, dem Hund zu erklären, was er nicht soll, darf oder kann.

Viele frischgebackene Hundeeltern haben fast ein schlechtes Gewissen, wenn sie ihrem Fellzwerg etwas verbieten sollen. Er ist ja noch so klein und so zart, ein richtiges Baby, da kann man doch nicht immer so streng sein ...

Doch. Man muss sogar.

Denn dein Fellzwerg hat (hoffentlich) schon eine Menge von seiner Hundemama gelernt – vor allem das kleine Einmaleins der Welpenstube: Was nicht verboten ist, ist erlaubt.

Wenn sich die Kleinen so verhalten, wie es ihre Hundemutter wünscht, werden sie mit Zuneigung belohnt. Sie dürfen sich an sie kuscheln, mit ihr spielen, sich einen Platz an der Milchbar suchen ...

Wenn nicht, gibt's Stress. Und zwar nicht nach dem Motto ›*Wenn du jetzt nicht bald lieb bist ...*‹, sondern sofort.

Und fein abgestimmt. Erst zuckt es in den Lefzen, dann wird der Körper starr – und wenn es dann ein Fellzwerg immer noch nicht kapiert hat, gibt's auch mal ein gespielt drohendes Knurren oder sogar Schnappen in seine Richtung. Spätestens dann herrscht Ruhe in der Welpenstube.

So klein dein Fellzwerg auch (noch) ist: Er weiß schon ganz genau, dass es Regeln gibt, die eingehalten werden müssen. Und er will wissen, welche das in seinem neuen Zuhause sind, damit er nicht dauernd Ärger kriegt. Also, gib ihm Sicherheit! Zeig ihm, was erlaubt ist, und vor allem, was nicht. Damit erleichterst du nicht nur dir, sondern vor allem deinem Hund das Leben. Er lernt die Spielregeln in einem Alter, in dem er noch sehr schnell und gründlich lernt – und dann braucht er sich keinen Kopf mehr darüber zu machen, ob es gleich Stress gibt.

Sieh es als Investition in eine ruhige, entspannte Zukunft, nicht als ›Verbotstyrannei‹. Grenzen setzen heißt auf der anderen Seite auch Freiheiten erlauben!

Das ist tabu für dich!

Beginnen wir mit den verbotenen Gegenständen.

Genau wie eine gute Hundemama blockst du alles ab, was deinen Fellzwerg nicht zu interessieren hat. Seien es die Beine von dem neuen Esstisch, ein heruntergefallenes Stück Wurst, Kinderspielzeug – und Schuhe, Kabel und Pflanzen sind sowieso tabu (siehe Kapitel ›Safety First‹).

Arbeite mit vollem Körpereinsatz. Mach dich groß, richte dich auf, breite die Arme aus. Genau, schön die Schultern straffen und Kinn hoch. Mach's deinem Welpen einfach und kommuniziere klar und deutlich mit deinem Körper – und unterstütze das Verbot zum Beispiel mit einem scharfen (Zisch)Laut. Das ganz spontane *›Nein!‹* hat den Nachteil, dass du dieses Wort sicher öfters mal in einem anderen Zusammenhang benutzt – ein *›Schhhh!‹* wahrscheinlich nicht, oder? Hauptsache, dein Fellzwerg ist beeindruckt.

Und nicht vergessen: Er kennt das Thema schon. In der Welpenbox hat ihm seine Niedlichkeit auch nichts genutzt. Wenn du ihm jetzt stillschweigend erlaubst, die Tapete von der Wand zu kratzen, darfst du dich nicht wundern, wenn er das als erwachsener Hund immer noch mit Wonne macht. Nur eins darfst du nie werden: grob. Die Tipps mit der zusammengerollten Zeitung auf das Hundehinterteil stammen aus der Zeit, als Deutschland noch einen Kaiser hatte.

Manche Ratgeber empfehlen sogar, unerwünschtes Verhalten einfach zu ignorieren. Frei nach dem Motto: Wenn's kein Leckerli gibt, lässt Buddy/ Luna das Buddeln im Blumenbeet bestimmt gleich wieder sein.

Leider steht eine Menge von dem, was wir Menschen als unerwünschtes Verhalten bezeichnen, bei unseren lieben Vierbeinern ganz oben auf der Wunschliste. Wenn du einfach nur still verzweifelt danebenstehst und hoffst, dass wenigstens ein paar Tulpen den Angriff überleben, lernt der

Fellzwerg doch gar nicht, was er im Blumenbeet verloren hat – nämlich nichts.

Also mach es ihm auf Hundeart klar: mit einer entsprechenden Körperhaltung, die deinem Hund signalisiert, dass er richtig Ärger kriegt, wenn er nicht sofort damit aufhört, was er gerade tut. Frontale Stellung, hoch aufgerichtet, Oberkörper eher nach vorn geneigt. Du darfst gerne mit dem Fuß aufstampfen oder die Hände in die Seite stemmen (das bringt noch mehr Körperspannung). Auch akustisch darf's durchaus etwas schärfer sein.

Ob du weiter den Zischlaut von gerade eben verwendest oder besser ein energisches ›*Na!*‹ wie unsere Hundetrainerin, bleibt natürlich dir überlassen. Wichtig ist nur, dass du das Wort (oder die Lautäußerung) sofort parat hast, wenn deine Tulpenbeete in Gefahr sind. Denk daran, dass diese Korrektur vielleicht einmal deinem Hund das Leben rettet, weil du ihn damit im allerletzten Moment von einem Giftköder abbringen kannst. Die passende Basisübung namens ›Gib das wieder her!‹ findest du übrigens später im Trainingsteil.

Also, nicht einfach nur seufzen und hoffen, dass Buddy und Luna irgendwann mal keine Lust mehr aufs Buddeln haben. Korrigiere genau so stark (oder schwach), wie es dein Hundebaby braucht.

Und das erfordert manchmal ganz schön Fingerspitzengefühl.

Känguru-Gene

Wo wir gerade bei Tabu-Zonen sind: Die gilt nicht nur für deine Tulpenbeete, sondern auch für dich und deinen Körper selbst.

Viele Hunde haben offenbar irgendwo ein besonderes Gen in ihren Erbanlagen. Besonders dann, wenn es spannend, aufregend oder herausfordernd wird (also eigentlich im Welpenalter immer), mutieren sie zum Känguru. Es wird munter auf und ab gehüpft, natürlich immer schön mit Pfotenkontakt – *ach, ist er nicht süß, der Kleine?*

Leider bleibt dein Fellzwerg nicht so süß und klein, und vor allem hat er auch mal dreckige Pfötchen nach einem Ausflug in die freie Natur. Spätestens, wenn du deine beste Hose anhast oder sogar die besonders teuren Feinstrumpfhosen, wirst du die Känguru-Nummer nicht mehr ganz so toll finden. Genau wie das Ziehen an der Leine, das in Teil 3 noch ausführlich behandelt wird, gewöhnt sich dein Hund diese (Un)Tugend leider nicht von selbst ab.

Ganz im Gegenteil. Hüpfen macht Spaß, und Herrchen und/oder Frauchen freuen sich offensichtlich riesig, wenn man sie anspringt. Und die anderen Leute, denen man auf der Gassirunde begegnet, bestimmt auch. Die paar Spaßbremsen, die sich über Pfotenabdrücke, Hundehaare und unerzogene Vierbeiner generell beschweren, vergisst man am besten schnell wieder.

Wenn du dich nicht für den Rest eures gemeinsamen Lebens bei wildfremden Menschen entschuldigen und nur noch schlammbraune Hosen tragen möchtest, ist es höchste Zeit, deinem Fellzwerg das Anspringen abzugewöhnen.

Auch bei diesem Thema raten viele, das Verhalten einfach zu ignorieren und sich bestenfalls vom Hund abzuwenden. In der Realität sieht es dann aber oft so aus, dass der Fellzwerg erst recht animiert wird, den verlockenden Beinen zu folgen. Und schon beginnt ein hübscher Tanz immer im Kreis herum, was so viel Spaß macht, dass der Hund zum wahren Sprungwunder wird.

Versuch doch mal, schneller zu sein als dein Fellzwerg. Sobald die Vorderpfoten den Boden verlassen und zur Attacke auf dein Schienbein ansetzen, winkelst du einfach dein Bein an und machst gleichzeitig einen Schritt nach vorne. Im Normalfall brauchst du ihn gar nicht mit dem Knie zu berühren – es reicht, wenn du ihn mit dieser Bewegung aus dem Konzept und dem Gleichgewicht bringst. Sobald alle Pfoten wieder auf dem Boden sind, wo sie hingehören, geht's weiter mit dem Spiel oder dem Gassigang.

Du wirst sehen, dass dein Fellzwerg seine Känguru-Gene ganz schnell wieder vergisst, nachdem das Anspringen so gar keinen Spaß mehr macht.

Wenigstens bei dir.

Anfangs musst du wahrscheinlich auch deine Mitmenschen kurz briefen, damit dein Fellzwerg lernt, dass fremde Beine ebenfalls tabu sind.

Ja, auch wenn ›*Ach, das macht doch nichts, Ihr Hund ist ja so klein und süß!*‹ geflötet wird! Droh ihnen einfach damit, dass dein Fellzwerg spätestens in ein paar Monaten fünfzig Kilo auf die Waage bringen wird und ihnen dann regelmäßig eine triefende Schlabberzunge ins Ohr steckt, während er seine handtellergroßen Pfoten an ihrer neuen Hose abputzt.

Das wirkt.

Meistens jedenfalls.

Die richtige Korrektur – viel hilft nicht immer viel

Steigere nicht einfach den ›Stärkegrad‹ der Korrektur, wenn du das Gefühl hast, dass dein Fellzwerg nicht sonderlich beeindruckt von dir ist.

Gerade in Hundeerziehungssendungen werden gerne mal härtere Geschütze aufgefahren. Beliebt sind zum Beispiel die Wasserflasche, aus denen der Vierbeiner unerwartet eine kalte Dusche kassiert, oder auch Kettchen aus Metallscheiben, die höllisch laut klappern, wenn sie dem Hund vor die Füße gepfeffert werden.

Bitte komm nicht auf den Gedanken, so etwas zuhause auszuprobieren. Schon gar nicht ohne professionelle Unterstützung durch einen erfahrenen Trainer! Wie bei allen Korrekturen (und natürlich auch positiven Bestärkungen) kommt es vor allem aufs richtige Timing und die passende Dosis an. Wenn du das Gefühl hast, dass dein Fellzwerg dir ständig auf der Nase herumtanzt, solltest du keinesfalls auf eigene Faust mit Korrekturmittel herumexperimentieren – auch wenn die Wasserdusche in der Fernsehsendung bei dem rüpelnden Rottweiler offensichtlich ganz hervorragend funktioniert.

Lass in so einem Fall dich und deine Körpersprache erstmal von einem guten Hundetrainer kontrollieren. Meistens wirkt schon mehr Spannung im ganzen Körper Wunder. Hilfsmittel wie Wasserflasche und Co. können positive Ergebnisse erzielen – oder das Problem erst richtig verstärken.

Und zwar ganz besonders, wenn es sich noch um eine sensible Hundebabyseele handelt.

Viel hilft eben nicht immer viel.

Aufgabe 3: Zeig deinem Hund die Welt

Selbst wenn dein Welpe aus einer Top-Zucht kommt und schon eine Menge entdecken und erleben durfte – seine neue Umgebung ist nochmal eine ganz neue Herausforderung. Und im Gegensatz zu seinen ersten Lebenswochen stehen ihm jetzt keine aufmerksame Hundemama und erfahrene Züchter zur Seite. Herzlichen Glückwunsch zum neuen Vollzeitjob namens Sozialisation! Falls du dich gewundert hast, warum Hundemama und Züchter so erleichtert aufseufzten, während sie sich die unvermeidliche Abschiedsträne aus den Augenwinkeln tupften – jetzt weißt du es.

Hilf deinem Hund, die ganze weite Welt zu erkunden und zu verstehen. Starte dabei in deinen eigenen vier Wänden und mach mit dem Fellzwerg gemeinsam in aller Ruhe eine ausführliche Immobilienbegehung. Warum gemeinsam? Weil du ihm bei dieser Gelegenheit gleich wie eine routinierte Hundemama erklärst, was für ihn tabu ist – siehe oben. Und das ist eine ganze Menge.

Bissspuren an Tischbeinen, Türrahmen & Co. sind nur hässlich – andere Haushaltsgegenstände sind für deinen Fellzwerg (lebens)gefährlich. Falls du dein Zuhause nicht schon *vor* Einzug deines neuen Mitbewohners auf ›Hundesicherheit‹ gecheckt hast, wird es jetzt allerhöchste Zeit.

Es ist nämlich unglaublich, was ein Welpe alles ohne mit der Wimper zu zucken ins Maul nimmt. Wie kleine Menschenkinder erforschen auch Hundebabys ihre Umwelt am liebsten oral. Und im Gegensatz zu ihren menschlichen Altersgenossen kennt ihr scharfes Piranha-Milchzähnchen-Gebiss keine Gnade. Also, bereit für den Sicherheitscheck?

Safety first

Geh mit offenen Augen auf Erkundungstour durch dein Heim und sichere Raum für Raum ab. Je nach Rasse und Sprungtalent erreicht dein Fellzwerg schon eine erstaunliche Höhe!

Mehrfachsteckdosen samt Kabelsalat sind gut in einer Box mit Deckel aufgehoben, Kleinteile wie Deko und vor allem Kinderspielsachen haben auf dem Boden erstmal nichts mehr verloren. Socken und andere Textilien sind bei Tierärzten ein beliebtes Fundstück in Hundemägen, und für alle Stricklieseln: Ja, auch deine neuesten Handarbeitsprojekte samt Nadeln sind in Gefahr. Selbst wenn draußen Stöckchen absolut uninteressant sind – Holzstricknadeln haben eine magische Anziehungskraft. Frag mal Sophie. Sie hatte innerhalb von wenigen Minuten ein ganzes Nadelspiel Stärke 3.0 durch, und unsere Tierärztin anschließend mal wieder unangemeldeten Besuch von uns.

Medikamente gehören ab sofort unter Verschluss, genau wie Putzmittel. Die beliebten Feuchttücher, die man so schön mit seinen Zähnchen aus der Packung zerren und herumschleudern kann, sind mit Chemikalien getränkt, und dass WC-Reiniger zwar interessant duften, aber ebenso äußerst giftig sind, darf dein Welpe auf keinen Fall am eigenen Leib erfahren.

Achte aber auch auf das Hundespielzeug selbst. Gerade die beliebten bunten Beißringe aus mehreren Elementen können sich in verschluckbare Einzelteile auflösen, die spätestens im Magen deines Fellzwergs tödliche Auswirkungen haben. Zerfledderte Plüschspielis gehören ebenso zackig in den Müll wie Knochen aus Seiltau, die Fäden ziehen.

Falls du eine frei zugängliche Treppe hast – für die erste Zeit ist ein Schutzgitter eine gute Möglichkeit, deinen Fellzwerg vor Stürzen zu beschützen (und vor unbeaufsichtigten Ausflügen in andere Geschosse sowieso).

Ganz auf Nummer Sicher gehst du, wenn du auch die Küche zur Tabuzone für Vierbeiner erklärst. Bei Sophies kurzen Beinchen bestand zwar nie die Gefahr, dass sie sich von der Arbeitsfläche oder direkt von der Herdplatte bedient, aber wenn einem so ein Fellzwerg ausgerechnet dann zwischen den Füßen herumwuselt, wenn man einen Topf mit kochend heißem Nudelwasser trägt ...

Wo wir gerade beim Thema sind: Wusstest du schon, dass viele unserer Lebensmittel für Hunde ungenießbar bis tödlich sind?

Hier eine (unvollständige) Liste:

- Weintrauben und Rosinen
- Zwiebel, Knoblauch, Bärlauch und Schnittlauch
- Avocados
- Tomaten
- Auberginen
- rohe Kartoffeln
- rohes Schweinefleisch
- rohes Geflügelfleisch
- rohe Eier
- rohe Bohnen, Erbsen, Linsen und andere Hülsenfrüchte
- Geflügelknochen (wegen der Splittergefahr)
- viele Pilz- und Nusssorten
- Salz
- alles Fetthaltige wie Speck und Co.

- Süßstoff (in vielen Fertiggerichten für Zweibeiner enthalten, weswegen du generell nichts von deinem Essen abgeben solltest – nein, auch nicht, wenn der Kleine so lieb schaut)
- Gewürze
- Schokolade, Pralinen und Co.
- Koffeinhaltiges wie Tee, Kaffee, Energy-Drinks …

  und natürlich

- sämtliche Alkoholika. Den Prosecco brauchst schließlich du zur Beruhigung *deiner* Nerven.

Schwerverdaulich für Hundemägen (mit entsprechenden Folgen beim Output) sind zum Beispiel:

- Kohlsorten
- Brokkoli
- Milch und Milchprodukte (wobei Sophie einen Klecks Joghurt oder Frischkäse super findet – und auch entsprechend gut verträgt)

Generell gilt: Lieber vorsichtig sein und auf das handelsübliche Futter zurückgreifen! Wer seinen Hund gerne barfen möchte, findet im Handel und/oder Internet detaillierte Menü-Vorschläge.

Auf der Blumenfensterbank und im Garten sieht's übrigens nicht besser aus. Am besten checkst du deinen Privatdschungel vor dem Einzug deines Welpen und trennst dich von den **giftigen Pflanzen** – auch wenn dein Gärtnerherz blutet. Du kannst deinen Hund schließlich nicht 24/7 im Blick behalten, und man ahnt ja gar nicht, wie fix zum Beispiel Wurzeln aus einem Blumentopf ausgegraben sind.

Die Liste der für Hunde (und übrigens oft auch für Menschen) giftigen Pflanzen ist erschreckend lang. Von ›A‹ wie Alpenveilchen bis ›Z‹ wie Zypressenwolfsmilch steht so gut wie alles drauf, was in und ums Haus herum grünt und blüht. Bitte nimm dir die Zeit und arbeite diese Liste sorgfältig ab: Im Internet (bspw. unter https://hundeinfoportal.de/hundewissen/hundegesundheit/vergiftungen-hund/fuer-hunde-giftige-pflanzen/) findest du viele Informationen darüber.

Dazu kommen natürlich die Klassiker wie **Dünger** und **Schädlingsbekämpfungsmittel**. Gerade das häufig ausgestreute Schneckenkorn, das wohl einen süßlichen Geschmack hat und daher besonders anziehend auf tierische Schleckermäulchen wirkt, ist hochgiftig. Achte auch bei Besuchen in fremden Gärten darauf!

In der freien Natur lauern nicht nur Giftköder auf unsere Vierbeiner. **Zigarettenkippen** schmecken zwar bitter, aber dein Welpe wird sie trotzdem probieren wollen – und im Zweifelsfall dafür mit dem Leben bezahlen. Wusstest du, dass schon das Trinken aus einer Pfütze, in der Zigarettenstummel schwimmen, für deinen Hund tödlich enden kann?

Auch das überaus beliebte Fallobst im Herbst versorgt die Fellzwerge nicht nur mit Vitaminen, sondern beim Zerkauen der **Obstkerne** mit einer ordentlichen Portion Blausäure, die – wie Agatha Christie-Fans wissen – für ein schnelles Ableben sorgt.

Aber wie stellst du sicher, dass dein Fellzwerg nicht das tut, was er ständig tut – nämlich alles ins Maul nehmen, was nicht bei drei auf der Palme ist?

Das sogenannte Anti-Giftköder-Training gehört aus eigener Erfahrung zur absoluten Königsdisziplin der Hundeerziehung. Gewöhne dich am besten schon jetzt an den Gedanken, dass es ein weiter Weg bis zum Erfolg sein kann – und du ihn am besten an der Hand eines sehr guten Hundetrainers gehst. Im Praxisteil findest du aber trotzdem schon jetzt eine Basisübung, die du für dieses Training optimal nutzen kannst.

Bis dahin hilft nur eins: sei schneller als dein Hund.

Immer und überall.

So, hast du in der Zwischenzeit Haus und Garten ›welpensicher‹ gemacht? Dann können wir uns ja wieder der Sozialisierung deines Fellzwergs widmen. Weißt du, welche Geräusche, Objekte, Gerüche, Lebewesen, Untergründe etc. er schon in seiner Kinderstube kennenlernen durfte? Ist er schon mal im Auto mitgefahren? Im Bus oder der S-Bahn?

Wie schon im Kapitel ›Lass dich nicht unter Druck setzen‹ erwähnt, geht Qualität immer vor Quantität. Dein Fellzwerg soll etwas Positives mit den neuen Erlebnissen verbinden! Er muss erfahren dürfen, dass du ein absolut verlässliches, ruhiges, vertrauenswürdiges Herrchen beziehungsweise Frauchen bist, das ihm diese absolut aufregende neue Welt um ihn herum zeigt – und ihn gute Erfahrungen damit machen lässt.

Es reicht also zum Beispiel nicht, den zitternden Welpen einfach unter den Arm zu klemmen, in die nächste U-Bahn zu steigen und eine Haltestelle weiter zu fahren, nur weil ›Bahn‹ auf irgendeinem Plan stand. Damit richtest du nur Schaden an einer kleinen Hundeseele an – und die ist im Moment wahnsinnig empfindlich!

Deine ganz persönliche Sozialisierungs-wunschliste

Überlege doch einfach mal, wie sich dein normaler Alltag gestaltet. Was soll dein Hund kennenlernen? Wie wird sein künftiger Tagesplan aussehen? Nimm dir die Zeit und stell deine ›Sozialisierungswunschliste‹ auf.

Was alles auf so einer Liste stehen kann? Hier ein paar Beispiele:

Basics:

- alle Körperteile (vorsichtig!) anfassen lassen
- Mäulchen öffnen lassen (dein Tierarzt freut sich!)
- Pfötchen berühren lassen (obwohl es so kitzelt ...)
- Öhrchen untersuchen lassen
- bürsten und kämmen lassen
- baden (natürlich mit Herrchens/Frauchens Hilfe)
- Halsband an- und wieder ausziehen lassen
- mit dem Handtuch abrubbeln lassen
- Zähnchen putzen lassen (wenn's mit dem Maul öffnen schon richtig gut klappt)
- auf deinem Schoß ruhig sitzen bleiben (wenigstens ein paar Sekunden ...)
- sich im Liegen sanft auf den Rücken rollen lassen

Menschen:

- Familienmitglieder und engste Freunde
- Männer, Frauen und Kinder (lach nicht – Hunde unterscheiden da ganz genau. Männer sehen anders aus, reden und bewegen sich nicht wie Frauen, und Kinder sowieso)
- Menschen mit Hüten, Rucksäcken, Sonnenbrillen, Mänteln, Bärten (denn dadurch ändert sich die Silhouette)
- Menschen auf Fahrrädern, Rollern, Skateboards, Rollstühlen ...
- Menschen mit Kinderwagen oder Rollatoren
- Rennende und/oder spielende Kinder (eine extragroße Herausforderung für Fellzwerge!)

Tiere:

- tierische Mitbewohner
- andere (nette!) Hunde – siehe dazu unten
- Katzen
- Pferde, Kühe, Schafe, Hühner ...

Zuhause:

- Haushaltsgeräte und ihre Geräusche (auch der berühmt-berüchtigte Staubsauger, die Küchenmaschine und der Haarföhn!)
- Türklingeln, Telefonläuten
- klapperndes Geschirr, Pfannen, Töpfe

- Treppenhaus mit Stufen, Aufzüge
- glatte (Fliesen)Böden

Umfeld:

- ruhige Nebenstraßen
- belebtere Straßen
- Parks, Waldwege
- Fußgängerzonen
- verschiedene Untergründe (in der Stadt und in der freien Natur)
- Bahnhof/S-Bahnstation
- Biergärten, Cafés, Restaurants
- Bäche, Flüsse, Seen, Strände
- Überführungen/Brücken, Unterführungen (wo es immer so komisch hallt ...)

Erfahrungen:

- Autofahrt (natürlich gut gesichert – und mit Handtüchern an Bord. Vielen Welpen wird es anfangs gerne mal schlecht beim Autofahren ...)
- Besuch beim Tierarzt
- Bus-/Bahn-Fahrt

... und so weiter und so fort.

Nochmal: Es geht nicht darum, in Rekordzeit einen Fellzwerg von einer Sensation zur nächsten zu schleppen! Suche die für euch in Zukunft besonders wichtigen Erfahrungen heraus und konzentriere dich darauf, dass dein Hundekind sie angstfrei und in Ruhe erleben lernt. Wenn es nervös und unsicher wird, soll es jederzeit bei dir Schutz und Sicherheit finden.

Lass ihm Zeit, diese Erfahrungen auch zu verarbeiten. Leg immer wieder Pausen ein, überfordere den Welpen nicht! Starte mit einer ruhigen, übersichtlichen Umgebung, bevor du die Schwierigkeitsstufe steigerst. Und ein paar Minuten Fußgängerzone in der Kombination von vielen unbekannten Menschen, anderen Tieren, verschiedenen Untergründen, fremden Geräuschen und Gerüchen reichen fürs Erste vollkommen aus. Es muss nicht sofort auch noch ein Café-Besuch und eine Fahrt mit dem vollbesetzten Bus drangehängt werden (auch wenn das vielleicht auf deiner persönlichen Wunschliste steht).

Die gemeinsamen Spaziergänge fallen anfangs sowieso eher kurz, dafür umso intensiver aus. Als Faustformel gilt: pro Lebensmonat fünf Minuten am Stück.

5 Minuten sind eine kleine Ewigkeit ...

Das bedeutet also für einen dreimonatigen Welpen eine schlappe Viertelstunde – die verdammt schnell rum ist, wenn man jedes einzelne Grasbüschel persönlich begrüßen, beschnüffeln und bepinkeln muss.

Die (zeitliche) Begrenzung hat ihre guten Gründe: Gelenke, Sehnen und Bänder sind noch nicht auf Langstrecke eingestellt. Das solltest du auch beim Thema Treppensteigen berücksichtigen.

Dein Fellzwerg soll Treppen zwar so bald wie möglich kennenlernen – alle Treppenmuffel oberhalb der Chihuahua-Gewichtsklasse werden irgendwann im wahrsten Sinne des Wortes ein schwerwiegendes Problem für Herrchens oder Frauchens Bandscheibe. Aber er soll auch lernen, dass er vor jeder Treppe erstmal auf dich warten muss und die Stufen nicht wild allein rauf- und runtertoben darf.

Das Treppensteigen an sich ist übrigens gar nicht so nachteilig für den Knochenbau, wie viele meinen.* Riskant sind vor allem die Verletzungen, die sich dein ungestümer Junior beim überhasteten Springen (und im schlimmsten Fall Ausrutschen) zuzieht. Viele vierbeinige Treppenverweigerer haben in ihrer Sturm-und-Drang-Zeit schmerzhafte Erfahrungen mit (glatten) Stufen gemacht, auf denen sie ausgerutscht sind.

Das Gleiche gilt übrigens auch für Fliesen- oder Parkettböden. Auf dem Teppich sind Ballspiel und Co. deutlich sicherer für deinen Fellzwerg. Es muss ja nicht unbedingt gleich ein sündhaft teurer Perserteppich sein. Den solltest du genau wie die langflorigen Plüschteppiche eh am besten zur Seite räumen, solange dein Hundebaby noch nicht stubenrein ist.

Ich weiß, wovon ich rede.

Zurück zur Mini-Gassirunde. Nicht nur der Körperbau setzt dir und deinem Fellzwerg eine Grenze: Die Kleinen werden extrem schnell müde, da sie selbst in diesen wenigen Minuten wahnsinnig viel sehen, hören und riechen.

Und das muss erst mal alles in der Partyzone namens Hirn verarbeitet werden. Reizüberflutung gepaart mit Übermüdung und schmerzenden Beinchen sind in diesem Moment absolut kontraproduktiv. Viel wichtiger

* Quelle: Tiergesundheitszentrum München, Beitrag: Dürfen Welpen Treppensteigen? https://www.tgz-muenchen.de/duerfen-welpen-treppensteigen/

als ein Sozialisierungsmarathon ist für deinen Fellzwerg die Lernerfahrung, dass er dir in allen komischen Situationen vertrauen kann und du für seine Sicherheit sorgst – oder einfacher gesagt: dass du die Basis für eine tolle, vertrauensvolle Beziehung legst.

Du wirst es rein zeitlich gar nicht schaffen, deinem Hundebaby alles zu zeigen, was ihm im Laufe seines Lebens vor die Schnauze kommen kann. Du wirst ihm nie alle fremden Hunde vorstellen können, die euch auf euren Tausenden von Gassirunden begegnen werden. Und du brauchst dir auch keine Sorgen zu machen, wenn ihr noch nicht alle Hundeparks der Umgebung besichtigt habt.

Also, mach dir keinen Stress – denn der überträgt sich automatisch auch auf deinen Fellzwerg. Unter Druck lernt man nicht. Vermeide Reizüberflutung und Hektik – und zähle nicht verzweifelt die Lebenswochen deines Fellzwergs auf dem Kalender nach.

Lernen wird er nämlich sein Leben lang. Dein Hund ist schließlich der klügste Hund der Welt, oder?

›Der tut nix!‹, Welpenschutz und andere fatale Irrtümer

Einer der heikelsten Punkte auf der Sozialisierungswunschliste ist gleichzeitig einer der wichtigsten: Hundebegegnungen. Und die wären eigentlich ein Buch für sich wert.

Leider gibt es kaum ein Thema, über das so kontrovers auf Hundewiesen, Waldpfaden oder Stadtparkwegen diskutiert wird wie darüber, ob, und wenn ja, welcher Hundekontakt gut für den eigenen Vierbeiner ist. Und es fallen kaum blödere Sprüche als in diesem Zusammenhang – manchmal aus Unwissenheit, manchmal aus purer Ignoranz.

Bestimmt hast du schon einige gehört. Hier meine persönlichen Best of:

›Das regeln die unter sich‹

›Der tut nix – schon gar keinem Welpen. Da greift der Welpenschutz‹

›Die machen gerade die Rangordnung aus, da darf man auf gar keinen Fall eingreifen!‹

›Da muss auch so ein kleiner Hund durch‹

›Sieht alles schlimmer aus, als es ist. Hunde spielen eben ziemlich grob miteinander‹

Ähmmm – jein.

Natürlich geht es speziell unter Fellzwergen im Rudel manchmal hoch her. Da wird der Schwester ins Ohr gekniffen und der Bruder quer durch den Garten gejagt, die Mutter darf sich über einen Angriff auf ihren Allerwertesten freuen und der Vater über den Versuch, ihm sein Abendessen streitig zu machen.

Aber – hier (und nur hier!) kommt der vielzitierte Welpenschutz innerhalb des eigenen Rudels ins Spiel. Die Kleinen dürfen sich ausprobieren und auch mal über die Stränge schlagen. Sobald es den Geschwistern oder der erfahrenen Hundemama zu viel wird, ist die Party zu Ende. Wer dann noch nachmault, bekommt die Ansage in Großbuchstaben, und alle haben sich trotzdem lieb.

Außerhalb der heilen Welpenwelt gelten andere Regeln – und jetzt kommst du ins Spiel. Ja, auch wenn die anderen Herrchen und Frauchen irgendwas von Welpenschutz und ›*Das regeln die doch unter sich!*‹ flöten.

Geh bitte nicht davon aus, dass der Vierzigpfünder, der gerade mit Karacho dem fröhlichen ›*Hasso, hier! Hiiiiiier!*‹ davon- und auf euch zustürmt, deinen Fellzwerg so nett und vorsichtig behandelt, wie es dessen dreieinhalb Kilo und der zarte Knochenbau erfordern. Selbst wenn Hasso wirklich ein echt netter Kerl ist und ›*nur spielen will*‹ – eine mit Schmackes ins Genick gerammte Pfote kann für deinen Welpen tödlich enden. Ganz abgesehen davon, dass der freundliche Hasso es vielleicht doch nicht so cool findet, wenn dein übermütig gewordener Fellzwerg die Piranha-Welpenzähnchen in sein Ohr gräbt.

Hundebegegnungen sind wichtig, aber es müssen nette, behutsame Begegnungen sein – und kein Zusammenprallen verschiedener Gewichtsklassen. Zeig also in diesem Fall Hasso (und seiner menschlichen Begleitung), dass du auf ruhige, kontrolliert ablaufende Begegnungen Wert legst. Wie du das machst? Stell dir vor, du bist Türsteher vor einer Nobeldisko. Kahlrasierter Schädel, Sonnenbrille, kurzer Hals – und ein richtig breites Kreuz. Hinter dem darf dein Welpe in Deckung gehen, während du dich mal ordentlich aufplusterst (im Fachjargon ›Blockieren‹ genannt, du kennst es ja schon aus Aufgabe 2). Das machst du nicht mit sinnlosem Geschrei (das Hunde eh in dieser Situation überhören – Hasso ist doch gerade das beste Beispiel, oder?) und fuchtelnden Handbewegungen, sondern ganz ruhig mit deiner Körperspannung. Breite die Arme aus, mach dich groß und beug dich eher nach vorne. Alles an dir muss dem anderen Hund zeigen, dass er nicht an dir vorbei kommst. Warte gelassen, bis Hassos Herrchen oder Frauchen mit hochrotem Kopf angeschnauft kommt, irgendwas von ›*Der tut nix, der will nur spielen!*‹ keucht und Hasso an die Leine nimmt.

Und *ja*, du darfst in einer kritischen Situation deinen Welpen auch mal auf den Arm und damit aus der direkten Gefahrenzone nehmen. Das sagt ein Tierarzt im Artikel ›Traumatisierung statt Sozialisierung‹ dazu:

> ›*(...) Also: Halten Sie sich NICHT raus! Greifen Sie ein, und zwar sowohl, wenn Ihr Hund das Opfer ist, als auch, wenn er sich zum Täter entwickelt. Ihr Hund schaut zu Ihnen auf und vertraut Ihnen in allen Dingen. Dieses Vertrauen können Sie grausam und nachhaltig enttäuschen, wenn Sie nicht dazu bereit sind, Ihren Hund vor jeglichen Schäden zu schützen, auch und gerade durch Artgenossen. (...)*‹*

Während Hasso erstaunt feststellt, dass nicht alle Menschen Legastheniker im Fach ›Hundekommunikation‹ sind, wirst du bei deinem Welpen für diese Aktion ordentlich Punkte sammeln. Er lernt nämlich, dass Herrchen und/oder Frauchen in der Lage sind, erfolgreich eine schwierige Situation zu klären – also das, was ein supercooles Rudeloberhaupt macht.

So, und jetzt darf Hasso mal vorsichtig deinen Fellzwerg beschnuppern. Aber nur, wenn er sich ordentlich benimmt ... Und wenn es deinem Fellzwerg recht ist.

Andersherum wird auch ein Schuh draus. Hab bitte ein Auge darauf, dass dein Fellzwerg nicht den Preis der ›Krawallmaus des Jahres‹ gewinnt – auch in der Welpengruppe. Sollte er das Hundebenehmen-Einmaleins nicht gut

---

* Quelle: Tierarzt Ralph Rückert ›Gut sozialisiert? Nö, gut traumatisiert!‹, 22.04.2015, https://www.tierarzt-rueckert.de/blog/details.php?Kunde=1489&Modul=3&ID=19173

genug bei Mama & Co. gelernt haben, kann er bei seinen Artgenossen ganz schön anecken. Falls dein Fellzwerg dann an einen erwachsenen Hund gerät, der auf der Skala der Maßregelungen gleich ziemlich weit oben einsteigt, sind Verletzungen vorprogrammiert – und dein Welpe hat im schlimmsten Fall gelernt, dass andere Hunde echt doof sind.

Und statt einem gut sozialisierten Hund bekommst du einen ordentlich traumatisierten, wie im Artikel des Tierarztes beschrieben.

Kind und Hund – geht das gut?

Nicht nur andere Artgenossen können deinem Welpen einen Schreck fürs Leben einjagen. Auch wenn es im Kopfkino so niedlich aussieht, wenn (Klein)Kind und Hund zusammen über die Sommerwiese tollen – diese Kombination hat's in sich. Solltest du gerade zwei- und vierbeinigen Nachwuchs gleichzeitig zuhause herumtollen haben, gibt es einiges zu beachten – am besten mit Unterstützung eines Hundetrainers, der sich mit dieser Konstellation richtig gut auskennt.

Grundsätzlich darfst du kleine Kinder nie unbeaufsichtigt mit einem Hund allein lassen. Schon gar nicht mit einem zarten Welpen! Viel zu schnell passieren Missverständnisse auf beiden Seiten. Das Krabbelbaby findet es total toll, mal zu testen, wie lang man so ein Hundeohr ziehen kann, und ein Welpe setzt beim Spielen oft ganz übermütig seine spitzen Milchzähnchen ein. Kritische Situationen passieren schneller, als man reagieren kann.

Sophie kannte Kinder schon, als sie zu uns kam, und eine Begegnung auf der Straße (›*Oooch, darf ich den mal streicheln?*‹) war nie ein Problem – bis ein reizender Junge im Grundschulalter beschloss, spontan ›Tauben erschrecken‹ mit unserem Welpen zu spielen, bevor wir auch nur zusammenzucken konnten.

Sophie bekam verständlicherweise einen Riesenschock, wir einen dicken Hals und der dazugehörige Vater nichts mit, da er lieber auf seinem Smartphone daddelte, anstatt seinen Filius im Auge zu behalten. Hätte Sophie andere Gene, wäre die Sache für den Mini-Rambo wahrscheinlich unerfreulich ausgegangen – so haben wir jetzt einen Hund, der beim Anblick von Menschen unter 1 Meter 70 Körpergröße in Schockstarre verfällt. Und ein paar enttäuschte Kinder in der Nachbarschaft, weil sich der ›*süüüße Hund!*‹ partout von ihnen nicht streicheln lassen will.

Eine einzige schlechte Erfahrung hat ausgereicht, um in Sophies Gehirn die Prämisse ›Kleine Menschen sind gefährlich und unberechenbar‹ abzuspeichern.

Schade.

Und die Idee, Säuglinge und Welpen miteinander aufwachsen zu lassen, damit sie die besten Freunde werden?

Schwierig. Man muss sich im Klaren darüber sein, dass man ab sofort zwei Babys im Haus hat. Eins davon bleibt friedlich im Maxi-Cosi liegen, trägt hygienisch vorbildlich Windeln und gibt sich für die nächsten Wochen mit einem Plüschspieli zufrieden – das andere nicht.

Notwendigerweise kommt eines der beiden Babys zu kurz, und das wird immer der Hund sein. Der landet dann gerne nach ein paar Monaten auf einem bekannten Verkäuferportal unter dem Titel ›aus privaten Gründen‹, meistens garniert mit dem Hinweis, dass man sich irgendwie nicht so richtig um ihn habe kümmern können und er deswegen von Sitz-Platz-Bleib leider noch nichts gehört habe.

Warum dieser Stress für alle Beteiligten? Ein Kind ab Grundschulalter + hat auch viel mehr von seinem vierbeinigen Buddy, oder? Auf der anderen Seite gibt es natürlich auch ganz viele Beispiele, dass es mit einem Hund in einer großen Familie mit etwas älteren Kindern richtig supergut läuft – man muss nur die Spielregeln beachten.

Und nicht nur die Erziehungsarbeit wird immer Aufgabe der Erwachsenen bleiben, sondern meistens auch die Gassirunden.

Egal, was die Kinder vorher versprechen ...

Aufgabe 4: Lerne eine neue Fremdsprache

Do you speak dog?

Schon mal darauf geachtet, wie viel Text man so am Tag von sich gibt? Okay, bei uns Frauen ist die Menge im Normalfall höher als bei der männlichen Spezies, aber eins haben wir Menschen alle gemein: Wir reden.

Und zwar viel. Sehr viel – vor allem, wenn irgendwas nicht auf Anhieb so funktioniert, wie wir uns das vorstellen.

Und in den Ohren unserer Hunde manchmal zu viel. Und dann? Stellen sie auf Durchzug. Ganz hervorragend lässt sich das auf der Hundewiese beobachten, wenn die Herrchen und Frauchen wild durcheinander mit Monsterschachtelsätzen nach ihren Lunas oder Buddys rufen, die sich gerade gegenseitig über den Platz jagen.

Im Gegensatz zu uns kommunizieren Hunde nämlich bevorzugt über Körpersprache. Bellen, Jaulen und Winseln, Knurren und Wuffzen, Fiepen und Heulen, das kommt quasi höchstens als Verstärker dazu. Sie achten auch bei uns ganz genau auf die feinen Signale, die wir (bewusst oder unbewusst) ausstrahlen.

Ein Klassiker, der besonders bei Welpen und kleinen Hunderassen zu beobachten ist: Kaum kommt so ein Winzling in Sichtweite, stapft ihm der Mensch ihm frontal entgegen, beugt sich über ihn (›*Nein, bist du aber süüüüß!*‹) und klopft ihm zur Krönung noch ein paar Mal auf den Kopf (›*Und soooo braaaaav …*‹).

Die Reaktion des vierbeinigen Opfers menschlicher Zwangsbeknuddelung reicht von Schockstarre, Beschwichtigungsversuchen wie Abwenden bis hin zu Flucht – im schlimmsten Fall sogar Notwehr.

Denn was in unseren Augen eine absolut freundliche, liebevolle Geste ist, sieht für die Handvoll Hund ganz anders aus. Nämlich unhöfliche bis aggressive Attacke (frontales Entgegenstürmen), Unterwerfungsversuch (Darüberbeugen) – und was es bedeutet, wenn einem ein muskelbepackter, riesiger Fremder auf den Kopf haut, können sogar wir Menschen mit ein bisschen Phantasie übersetzen. Eine herzliche Umarmung, möglichst noch mit ordentlich Druck, hat für die Fellzwerge übrigens die gleiche Bedeutung.

Die meisten Hunde lernen schnell, dass Menschen absolute Rüpel sind, die nicht mal das kleine Einmaleins des guten Benehmens beherrschen, und fügen sich seufzend ihrem Schicksal. Hauptsache, der coole Dobermann-Rüde von nebenan guckt gerade nicht her.

Mann, wär das peinlich ...

Die ganze Sache mit der Körpersprache hat aber einen Riesenvorteil. Du kannst deinen Körper zum Beispiel perfekt als Einladung einsetzen (›*Komm schnell zu mir!*‹), zur Ermunterung (›*Keine Angst, Herrchen/Frauchen hat alles im Griff*‹), zur Erziehung (›*Jetzt ist aber Schluss mit lustig, Freundchen*‹) sogar wie oben in Aufgabe 3 gesehen zur Gefahrenabwehr (›*Hau ab, du Rüpel!*‹) – und dein Hund versteht, was du ihm sagen willst.

Ganz ohne viel Geschrei und Herumgefuchtel.

Soll ich etwa gar nichts mehr zu meinem Hund sagen?, fragst du dich vielleicht jetzt verzweifelt. *Was ist mit dem ganzen Sitz-Platz-Bleib – und dem beliebten ›Hiiiiiiier!‹, das in sämtlichen Tonhöhen und Lautstärken über die Hundewiese schallt?*

Natürlich sollst du mit deinem Hund reden – aber nicht nur. Und vor allem nicht ohne Punkt und Komma. Während der Fellzwerg im Normalfall schon das Abitur im Fach Körpersprache abgelegt hat, wenn er bei dir einzieht, startest du bei den verbalen Mitteilungen quasi in der ersten Klasse.

Stell dir doch mal kurz vor, du wirst von Außerirdischen entführt. Jetzt hockst du also Lichtjahre von der Erde entfernt in einem komischen UFO, während dich ein paar froschgesichtige Aliens anzwitschern und dabei mit ihren Kopftentakeln wackeln. Du kannst dir sicher sein, dass die Kerlchen abends frustriert an der Theke hocken, sich einen pangalaktischen Donnergurgler in den dicken Hals kippen und zu ihrem Nebensitzer sagen: ›*Also, ich weiß echt nicht mehr, was ich tun soll. Mein Mensch versteht mich einfach nicht. Egal, wie oft ich ihm was erkläre und wie ausführlich – er kapiert nichts! Und wenn er was macht, dann garantiert das Falsche. Wenn ich das gewusst hätte …*‹

Und das andere Alien wird mitfühlend seine Kopftentakeln schütteln und bestätigen, dass diese Menschen echt ganz schön anstrengend und schwer erziehbar sind – während du von dem ganzen Gezwitscher Migräne hast und keinen blassen Schimmer, was die grünen Kerle von dir wollen.

Übung: Verständigungsschwierigkeiten

In einem Seminar hat uns eine Hundetrainerin mal eine richtig geniale Übung zum Thema Verständigungsschwierigkeiten zwischen Hund und Mensch gezeigt – und wir sehen Kommunikationsprobleme mit Sophie seitdem mit ganz anderen Augen.

Mach diese Übung doch gleich mal mit! Keine Angst, sie ist ganz einfach und dauert nicht lang. Du brauchst nur einen (menschlichen) Partner, einen Timer und einen Gegenstand (bei unserem Training Kinderspielsachen wie kleine Autos, ein Ball etc.).

Nun stell den Timer auf zwei Minuten und entscheide, wer anfangen darf.

Du? Okay. Dann überleg dir jetzt, was dein Gegenüber mit dem Gegenstand machen soll. Ein Spielzeugauto kann man zum Beispiel auf der Tischplatte vor- und zurückrollen, mit dem Finger auf die Motorhaube tippen, in Kreisen oder Schlangenlinien fahren lassen … Hauptsache, es ist eine klar definierte Handlung – von der dein Gegenüber keine Ahnung hat.

Dann kann's losgehen. Starte den Timer und – sag nichts (oder lies ein Gedicht auf Kisuaheli vor). Lass dein Gegenüber raten, was er machen soll. Bestätige ›gutes Verhalten‹ mit einem freundlichen Nicken, ›unerwünschtes Verhalten‹ mit Kopfschütteln. Selbst mit dieser Hilfestellung kann es gut sein, dass dein Spielpartner innerhalb kürzester Zeit zwischen Verzweiflung (›*Keine Ahnung, was ich mit dem blöden Auto machen soll …*‹), Aggression (›*Wer kommt denn bloß auf solche Scheißideen? Kauf dir lieber einen ordentlichen Hundeerziehungsratgeber.*‹) und innerer Kündigung (›*Mir reichts. Ich geh schaukeln.*‹) schwankt.

Je klarer deine Gestik und Mimik ist, desto eher kommt dein Gegenüber zum Ziel. Hat's innerhalb der 2-Minuten-Frist geklappt? Glückwunsch, denn jetzt wird gewechselt. Viel Spaß beim Raten, was dein Gegenüber von dir will ...

Jetzt hast du hoffentlich Verständnis für Verständnisschwierigkeiten. Dein Hund muss dieses Spiel nämlich so gut wie ständig spielen – und gerade zu Beginn eurer Beziehung meistens verlieren.

Ihm nützt es überhaupt nichts, wenn du ohne Punkt und Komma auf ihn einredest wie der Tentakelfrosch im UFO. Hilf deinem Fellzwerg, indem du so viel wie möglich mit klarer Körpersprache arbeitest und deine Wünsche einfach und kurz formulierst. Selbst der intelligenteste Hund kann nicht aus deiner 2000-Wörter-Rede heraushören, dass du Löcherbuddeln zwischen frischgepflanzten Rosen doof findest und er gefälligst bei Fuß kommen soll, und zwar sofort, sonst gibt's kein Leckerli!

Wenn du dich aber frontal zwischen die Blümchen und deinen Fellzwerg schiebst und die Botanik mit einem scharfen ›*Na!*‹ (oder was du dir auch immer als Codewort für ›*Das ist nichts für dich!*‹ ausgedacht hast) blockierst, haben deine Rosen eine gute Chance, wenigstens ein paar Blüten anzusetzen. Denk immer an die Übung mit dem Spielzeugauto ...

Aufgabe 5: Nein heißt nein!

Manchmal nutzt das größte Verständnis für Kommunikationsschwierigkeiten nichts: Da gibt es das ein oder andere Verhalten deines Fellzwergs, das er sich einfach nicht abgewöhnen will. Anspringen, Socken klauen oder am Tisch betteln – alles Klassiker der schlechten Manieren, die sich durch ganze Generationen von Hundeleben hindurchziehen.

Leider muss man sich als Herrchen und/oder Frauchen oft an die eigene Nase fassen. Fast noch schädlicher als die menschliche Vorliebe für permanente Lautäußerungen ist unsere Unart, inkonsequent zu sein. Ausnahmen bestätigen die Regel, heißt es so schön, und wir Zweibeiner verstehen ab einem gewissen Alter normalerweise, was damit gemeint ist.

Der Hund nicht unbedingt – und schon gar nicht im zarten Welpenalter.

Beispiele gefällig?

Aber gerne!

Tagsüber darf dein Fellzwerg natürlich nicht aufs Sofa, weil er sonst bekanntermaßen die Weltherrschaft übernimmt (siehe unten), dafür aber abends nach Feierabend zum Kuscheln – und natürlich am Wochenende.

Aber nur, wenn kein Besuch da ist. Die Tante Petra zum Beispiel, die ist ziemlich empfindlich, was Hundehaare betrifft. Dafür sind die Nachbarn aus dem Erdgeschoss tiefenentspannt und freuen sich riesig, den Kleinen mal auf dem Schoss zu haben.

Genau wie die beste Freundin.

Am Tisch mit Essensresten füttern? Geht gar nicht!

Okay, aber so ein Stückchen Käse wird doch mal erlaubt sein ... Ach guck mal, wie lieb er jetzt guckt! Ein Fitzelchen Schinken zur Belohnung – ab morgen sind wir dann aber wieder streng, ja?

Zutritt zur Küche – natürlich verboten!

Aber wenn die Luna gerade so schön in der Ecke neben dem Kühlschrank liegt und so tut, als würde sie tief und fest schlafen – man ist ja kein Unmensch und scheucht den Hund in der Gegend herum, oder?

Kommt dir davon irgendwas bekannt vor? Nein? Mir schon. Wir haben das Glück, dass unsere Bichon Frisé-Prinzessin nicht auf Krawall gebürstet ist und täglich auf die harte Tour austestet, ob wir wirklich so coole Rudelanführer sind, wie wir immer behaupten. Dafür hat sie den verführerischsten Augenaufschlag auf Lager, den sich ein Hund ins Gesicht zaubern kann, und ihre kleine Kralle ist so lang, dass sie Herrchen und Frauchen mit links drumherum wickelt.

Kurz gesagt: Wir nehmen es nicht so genau mit der Konsequenz – und haben den Salat in Form eines Hundes, der uns in der Küche gerne zwischen den Füßen herumwuselt, obwohl Sophie genau weiß, dass sie dort nichts verloren hat.

Wenn wir jemanden besuchen, erkennt sie den Küchenbereich auf Anhieb. Dann druckst sie mit dem Blick eines verwundeten Rehs so lange an der Schwelle herum, bis der Gastgeber ein beglücktes ›*Aber das macht doch nichts!*‹ jubelt und mit einem ›*Würstchen mag sie doch sicher?*‹ eine Packung Wienerle auf dem Kühlschrank zaubert.

Und wir? Wir haben verloren. Wir sind zwar konsequent, nur leider nicht immer. Und damit geben wir einen großen Trumpf aus der Hand: Die Lernerfahrung, dass Nein auch wirklich Nein heißt – und Nein bleibt.

Mach's dir und deinem Hund einfacher und fall nicht auf den sprichwörtlichen Dackelblick rein. Wie in Aufgabe 2 ›Stell die Hausordnung auf‹ bereits ausführlich beschrieben, lernen Hunde sehr schnell, was sie dürfen und was nicht. Es gibt ihnen Sicherheit, wenn sie die Regeln kennen und wissen, wie sie sich verhalten müssen, damit sie keinen Ärger bekommen.

Also, leg am besten schon *vor* dem Einzug deines neuen Mitbewohners fest, was erlaubt ist und was nicht. Soll das Gästezimmer tabu sein? Oder die Küche? Darf der Hund aufs Sofa? Mit ins Bett? Darf er an dir hochspringen? Und hab bitte immer im Hinterkopf, dass der kleine, niedliche Neufundländer bald nicht mehr der kleine, niedliche Neufundländer ist, sondern ein schlappohriger Sechzig-Kilo-Riese.

Ist die Liste fertig, dann gelten die Regeln auch. Und zwar immer – und bei jedem Familienmitglied. Ja, auch am Wochenende. Und im Urlaub. Und in der Pubertät, wenn dein Teenager auf vier Pfoten alles hinterfragt, was er bisher so gelernt hat, sowieso.

Müssen muss man gar nichts

Aber muss man denn wirklich immer so streng sein?, fragst du dich jetzt vielleicht. *Auch später bei erwachsenen Hunden? Boah, das ist doch viel zu anstrengend …*

Klare Antwort: Es kommt ganz drauf an.

Nämlich auf deinen Hund.

Es gibt Hunde, die sich über eine Ausnahme freuen und danach trotzdem wieder die Regeln einhalten, und es gibt Hunde, denen man nicht mal den kleinen Finger reichen kann, wenn man seinen Arm behalten will. Hunde, die ein Stückchen Käse vom Teller lieben, aber sich nach ein paar Sekunden wieder in ihre Körbchen verziehen, wenn sie keinen Erfolg am Tisch hatten. Und Hunde, die bei den Mahlzeiten immer nervöser werden und immer lauter winseln.

Für die einen ist eine Ausnahme von der Regel eben nur eine (seltene) Ausnahme, für die anderen der Beginn eines Dauerproblems. Aber in der Welpenzeit beziehungsweise zu Beginn eures Zusammenlebens solltest du generell die Hausordnung in klaren Worten aufstellen – und befolgen (lassen). Ausnahmen gibt's frühestens im Erwachsenenalter.

Wenn überhaupt.

Vergiss nicht, dass du deinen Hund mit einem ›Manchmal ja, manchmal nein‹ ganz schön stressen kannst. Und aus einem vermeintlichen Goodie wird unversehens eine Herausforderung für die Nerven sämtlicher Beteiligten …

Das Sofa und die Weltherrschaft

Ach, da war doch noch die Sache mit der Weltherrschaft vom Sofa aus …

Bestimmt hast du auch schon mal davon gehört bzw. gelesen, dass du als Rudeloberhaupt gewisse Privilegien nicht aus der Hand geben sollst. Der Hund darf erst an seinen Futternapf, wenn du deine Mahlzeit beendet hast, du musst immer als Erster durch die Tür gehen – und sobald der Hund einen höheren Ruheplatz als direkt auf dem Fußboden eingenommen hat, ist deine Position im wahrsten Sinne des Wortes in akuter Gefahr.

Ich kann dich beruhigen. Diese Ideen zum Thema Rangordnung wurden inzwischen von Verhaltensforschern gründlich widerlegt. Du bist für deinen Hund nicht automatisch Superherrchen oder -frauchen, nur weil du etwas isst und er nicht. Er misst nicht aus, ob sich dein Kopf gerade zwei Zentimeter unterhalb seines eigenen befindet.

Wenn es für dich okay ist, dass der Hund aufs Sofa (oder den Lieblingssessel, das Bett etc.) darf, dann hat dein Hund trotzdem keine Ambitionen auf das Präsidentschaftsamt der USA angemeldet. Natürlich haben es Hunde gerne so bequem wie möglich – und dabei alles im Blick, was sich so rund um ihren Futternapf und generell in ihrem menschlichen Rudel tut. Dafür eignen sich der kuschelige Lesesessel von Frauchen oder die weich gepolsterte Familiencouch mitten im Wohnzimmer meistens optimal. Und sie lieben Körperkontakt zu ihrem (menschlichen) Rudel genau wie ihre wilden Artgenossen!

Wichtig sind nur folgende zwei Fragen, die du immer wieder ehrlich mit ›Ja‹ beantworten solltest:

Frage 1:

> Gibt der Hund den Platz auch wieder freiwillig her, ohne dich anzuknurren oder dir sonst in irgendeiner Art und Weise zu drohen?

Frage 2:

> Dient der Sessel oder das Sofa auch wirklich nur als bequemer Liegeplatz mit freier Sicht auf alles Spannende (und nicht als strategisch wichtiger Platz, um sich als Wächter aufzuspielen und alles zu verbellen, was seiner Meinung nach nichts in deiner (oder seiner) Nähe verloren hat)?

Wenn deine Antwort ›*leider nein*‹ lautet, dann runter vom Sofa, Sessel oder Bett. Es gibt so viele schöne Hundekörbchen oder -kissen. Garantiert gefällt eines davon auch deinem Hund.

Und wo du es am besten platzierst, erfährst du gleich im nächsten Kapitel.

Ein konsequentes ›Nein heißt nein‹ gilt übrigens auch, wenn deinem Fellzwerg gerade nach Bespaßungsprogramm ist, du aber dringend etwas anderes machen musst und im Moment einfach keine Zeit fürs Spielen hast.

Gerade bei den kleinen süßen Rackern mit den riesengroßen Knopfaugen macht man ganz schnell mal eine Ausnahme – und schon fliegt der Ball durchs Zimmer. Das ist vor allem ganz am Anfang natürlich auch völlig okay, wenn man sich auf eine solche Spielaufforderung einlässt. Du willst ja schließlich Superhero-Herrchen oder -Frauchen sein, mit dem man einfach total viel Spaß haben kann.

Schwierig wird's, wenn der Fellzwerg gelernt hat, dass er mit ein bisschen Quengeln die volle Aufmerksamkeit bekommt. Dann bleibt es nämlich nicht bei einer kurzen Spielrunde zwischendurch (was uns alltagsgestressten Menschen ja auch mal wirklich ganz guttut), sondern irgendwann wird ein verwöhnter kleiner Pascha seine Wünsche immer deutlicher und vehementer einfordern. Woher soll der Hund auch wissen, dass Herrchen und Frauchen nicht die Entertainer vom Dienst sind, sondern auch einfach mal in Ruhe ›Menschenzeugs‹ erledigen müssen?

Spätestens wenn du im Homeoffice arbeitest und dich auf deine Arbeit, ein Telefonat oder eine wichtige Aufgabe konzentrieren musst, brauchst du einen Hund, der auch mal weiß, wann er Pause hat. Durch den Garten tobt ihr in deiner Kaffeepause wieder.

Wie du das deinem Hund am besten beibringst? Beobachte doch mal, wie Hunde dieses Thema unter sich lösen: Sie ignorieren einfach die Anfrage. Stillschweigend.

Ohne schlechtes Gewissen wie wir Menschen, wenn wir eigentlich Nein sagen wollen (aber uns oft nicht trauen, um unser Gegenüber nicht vor den Kopf zu stoßen – schon gar nicht, wenn es sich dabei um zuckersüße anderthalb Kilo Hundebaby handelt).

Hunde sehen zum Beispiel eine Spielaufforderung eines Artgenossen genau als das: Eine Frage, ob sie mitmachen wollen. Wenn ja, geht die Party sofort los. Wenn nein, passiert einfach – nichts. Oder etwas anderes wie gemeinsames Schnüffeln am Zaunpfosten.

Aber kein Hund wird auf die Idee kommen, sich aus schlechtem Gewissen oder Mitleid oder irgendeinem anderen Gefühl über die Wiese jagen zu lassen. Er tut einfach so, als hätte er nichts bemerkt. Und falls dann doch ein anderer Hund mal auf die blöde Idee kommt, nicht locker zu lassen und nachzuquengeln, gibt's ziemlich schnell eine deutlichere Ansage.

Also, geh nicht immer sofort auf alle Wünsche deines Fellzwergs ein, sondern zeig ihm ruhig auch mal die kalte Schulter. Wenn er aus einer guten Kinderstube kommt, kennt er das Thema schon. Wenn nicht, wird's höchste Zeit, dass er es lernt – natürlich auf die nette Art. Ignoriere ihn. Wende dich ab. Damit sagst du freundlich auf Hundeart ›*Jetzt bitte nicht*‹.

Wenn das Ignorieren gar nicht verstanden und akzeptiert wird (weil alles gerade einfach viel zu aufregend für das kleine Welpenköpfchen ist), kannst du mit einem deutlichen ›*Nein!*‹ und der entsprechenden Körperhaltung für Klarheit sorgen. Mehr Text braucht's nicht.

Wirklich nicht.

Aber wenn mal weder Ignorieren noch das Nein hilft? Sich deine pelzige Schnappschildkröte mit scharfen Zähnchen in dein Hosenbein verbissen hat oder so laut kläfft, dass die Tapeten von den Wänden rutschen?

Dann wird's höchste Zeit für eine Auszeit. Siehe nächstes Kapitel.

Aufgabe 6: Sorg für Ruhezeiten (und Ruhezonen)

In Teil 1 hatten wir es im Erste-Hilfe-Koffer ja schon mal davon: Hunde (und vor allem Hundebabys) haben ein erstaunlich hohes Schlafbedürfnis.

Während die Vierbeiner süß träumen und wild mit den Pfoten zucken, verarbeiten sie in ihrem Gehirn alles Erlebte und Gelernte. Sie müssen also erstmal die sprichwörtliche ›Nacht drüber schlafen‹, bevor sie wieder aufnahmebereit sind. Dazu braucht es nicht unbedingt richtig festen Tiefschlaf. Auch beim gemütlichen Dösen, wenn deinem Hund immer wieder die Augen zufallen, stellt sich die positive Wirkung ein.

Leider kommen nicht alle Hunde von sich aus immer schön zur Ruhe. Manche Rassen sind bekannt dafür, dass sie gerne mal überdrehen und ihren Aus-Schalter nicht auf Anhieb finden. Vielleicht hat dein Fellzwerg aber auch bisher gar noch nicht die entspannende Wirkung von Nickerchen gelernt.

Hilf deinem Hund, indem du ihm einen ruhigen und geschützten Schlafplatz anbietest, an dem er sich auch wirklich entspannen kann – am besten irgendwo in einer Ecke, wo er nicht den Flur oder andere ›Hauptlaufwege‹ im Blick hat. Der beliebte Platz direkt an der Eingangstür ist so ziemlich der schlechteste, den du auswählen kannst. Damit signalisierst du deinem Hund nämlich quasi in Großbuchstaben, dass du gerne von ihm wissen möchtest, was sich auf der anderen Seite der Haustür so alles tut. Und zwar immer gleich und möglichst in voller Lautstärke.

Logischerweise tut sich ein Hund sehr schwer damit, auf so einem verantwortungsvollen Wachposten völlig entspannt zur Ruhe zu kommen. Wie sagt man so schön? Irgendwas ist immer ... Auf der Straße oder im Treppenhaus sowieso.

Wenn du Kinder hast: Erkläre ihnen, dass ihr neuer bester Freund auch mal eine Pause braucht. Streicheln und Spielen gibt's nach dem (Mittags)-Schläfchen wieder. Das Sprichwort ›Schlafende Hunde soll man nicht wecken‹ kommt nicht von ungefähr.

Aber wo schläft denn so ein Hund nun am besten? Benötigt er ein Körbchen zum Kuscheln, eine einfache Decke oder sogar eine richtige Box mit Tür zum Verriegeln?

Das kommt natürlich ganz auf seine Vorlieben an – und die können sich stündlich ändern. Sophie hat inzwischen gefühlt die Hälfte des Fußbodens mit Flauschmatten, Kuscheldonuts und Schlafkissen belegt – in jedem Zimmer. Außer dem Bad und der Küche, aber daran arbeitet sie noch ...

Ganz so übertreiben wie wir musst du natürlich nicht. Vielleicht freut sich dein Hund über die Auswahlmöglichkeit, sich auch mal ins stille Schlafzimmer zurückzuziehen, wenn gerade der Fernseher dröhnt, obwohl er sonst lieber sein Rudel beim Dösen im Auge hat. Andere Vierbeiner bestehen auf ‚ihrem' festen Platz.

Ab in die Box!

Zugegeben, ich habe mich lange gegen die Anschaffung einer Hundebox mit Gittertür gesperrt. Trotz wochenlanger Probleme mit Stuben(un)-reinheit und einer Sophie, die regelmäßig hinter ihrem Schwanz her kreiselte wie eine Verrückte.

Unser Hund brauche einen Platz zum Runterkommen – notfalls mit sanftem Druck, erklärte die Hundetrainerin, und empfahl dringend die Anschaffung einer Box als Ruhezone. Jawohl, mit Gitter zum Abschließen. Und nein, wir wären damit keine Tierquäler.

Wir ignorierten ihren Vorschlag tapfer noch ein paar Tage, dann waren wir mürbe vom Pfützchen aufwischen, Poo vom Parkett kratzen – und Sophies nervösem Schwanz-Jagen. Mit schlechtem Gewissen besorgten wir uns eine Hundebox. Aus stabilem Textilgewebe, mit Verdunkelungsmöglichkeit an den Seitenfenstern, zum Zusammenklappen für den Fall, dass wir irgendwann uns doch mal mit Sophie zu verreisen trauten – und einer Stofftür.

Ich schaffte es das erste Mal nur mit moralischer Unterstützung der Trainerin, Sophie sanft Richtung Box zu dirigieren und die Tür hinter ihr zu schließen. Mein (Hunde)Mutterherz blutete – auch dann noch, als sich Sophie nach ein paar Sekunden achselzuckend hinlegte und sofort einschlief. ›*Siehste*‹, sagte die Trainerin in diesem scheußlichen Besserwisserton, ›*hab ich dir doch gleich gesagt. Sie braucht einen Platz, wo sie mal ein paar Minuten vor ihrem hypernervösen Helikopterfrauchen sicher ist. Fang doch mal das Rauchen an, das entspannt.*‹

Peng! Das saß.

Aber die Trainerin hatte leider recht. Die Möglichkeit, im wahrsten Sinne des Wortes mal den Rollladen vor der aufregenden Welt herunterzulassen, tat Sophie richtig gut. Sie durfte ganz offiziell Pause machen – und ich auch. Innerhalb kürzester Zeit war das Schwanzjagen vergessen, und die Box wurde zum einzigen Platz, den Sophie nicht mit einem Pfützchen taufte.

Heute steht die Box diskret in der Wohnzimmerecke und die Tür immer offen – Sophie möchte schließlich frei entscheiden, wann sie eine Pause vor uns braucht oder die (Hunde)Welt sich gerade ein bisschen zu hektisch dreht.

Auch wenn dir bisher immer die feuchtkalten Mauern von Alcatraz in den Sinn kommen, wenn du eine Hundebox siehst – für deinen Fellzwerg sind sie kein Gefängnis. Er darf sich ganz offiziell mal eine Auszeit nehmen (auch wenn er das im ersten Moment vielleicht nicht einsieht, weil durchs Wohnzimmer toben und den Mülleimerinhalt neu sortieren echt total Spaß macht), und du dir auch.

Es muss ja nicht unbedingt die klassische Hundebox aus Metall sein. Faltbare Taschen aus Textilstoff haben den Vorteil, dass sie wirklich mehr an eine kuschelige Höhle erinnern. Und für den Urlaub oder einen Besuch bei Freunden sind die Dinger auch praktischer. Dann nimmt dein Hund seine Chill-out-Zone einfach immer mit auf Reisen. Cool, oder?

Wenn du allerdings einen kleinen Piranha zuhause hast, der mit seinen scharfen Zähnchen vor nichts haltmacht, eignet sich eine Metallbox besser. Mit einem leichten Tuch über dem Deckel schaffst du ebenfalls eine höhlenartige Atmosphäre. Achte dann aber auf alle Fälle auf die Luftdurchlässigkeit!

Hier noch ein kleiner Tipp, wie du deinem Fellzwerg die Box richtig schmackhaft machen kannst, falls er anfangs noch etwas zögert.

Zaubere ein Superduperleckerli aus deiner Tasche, lege es unter großem Tamtam in die Box (spätestens jetzt kommt dein Hund höchst interessiert anmarschiert) und – verschließe die Tür. Und dann warte ab.

Wetten, dass dein Hund das tolle Leckerli will? Und auch ziemlich schnell probiert, ob man mit der Pfote rankommt? Sobald er dich hilfesuchend anschaut, beweist du wieder mal, dass du das beste Herrchen bzw. Frauchen der Welt bist. Du kannst nämlich wie durch Zauberkraft die

Boxentür öffnen und deinem sabbernden Fellzwerg Zugang zum Superduberleckerli verschaffen! Jeder Tresorknacker wäre stolz auf dich – dein Hund ist es auf alle Fälle. Nach ein paar Sekunden öffnest du das Gitter wieder. Auch hier gilt nämlich: langsam anfangen und gemächlich steigern.

Allerdings ist die Hundebox – vor allem im geschlossenen Zustand – auf alle Fälle kein längerfristiger Aufbewahrungsort für einen Hund! Schon gar nicht für mehrere Stunden, während Herrchen und/oder Frauchen außer Haus sind. Selbst nach längerem Training sind drei bis vier Stunden das Maximum, was man einem Hund an Alleinsein zumuten sollte.

Sieh die Box primär als Rückzugsbereich und Relax-Zone für deinen Welpen, die er auch als erwachsener Hund sehr zu schätzen weiß.

So, dann spielt also mal schön ein paarmal Simsalabim, und dein Hund findet die Box in Zukunft einfach genial. Selbst wenn kein Leckerli mehr drin liegt, sondern nur eine kuschelige Decke und vielleicht sein Plüschspieli.

Boxentraining und Stubenreinheit

Der Gedanke liegt eigentlich nah: Wenn der Fellzwerg *seine* Höhle sauber und trocken halten will, wäre so eine Box doch das ideale Instrument, einen Hund stubenrein zu bekommen, oder? Einfach zwei, drei Stunden einsperren bis zum nächsten Gassigang? Zumindest geistert dieser Tipp durch viele Ratgeber ...

Leider ist das keine gute Idee. Wie du noch im Kapitel ›Stolpersteine‹ sehen wirst, tun sich manche Hunde mit dem Toilettentraining wirklich schwer. Sie können einfach noch nicht alles bei sich behalten – ob sie wollen oder nicht. Schätzungsweise bis zum sechsten Lebensmonat kann es immer mal wieder passieren, dass aus Versehen ein Pfützchen oder Poo-Häufchen auf dem Teppich landet. Ja, auch wenn dein Fellzwerg schon ganz genau weiß, dass sich seine Toilette inzwischen im Freien befindet. Irgendwas ist gerade *total* aufregend oder hat ihn erschreckt, oder er war gerade mit seinem Welpengedanken ganz woanders ... Und schon ist das Malheur geschehen.

Vielleicht versucht dein Fellzwerg auch, sich in der Box mit aller Gewalt ›zusammenzureißen‹, aber das ist weder gesund noch angenehm für deinen Welpen. Mit dieser Art des Trainings erreichst du nur, dass dein Fellzwerg die Hundebox, an die er sich gerade so schön gewöhnt hat, plötzlich echt doof findet.

Also, lieber noch eine XXL-Packung Wischtücher kaufen – und Baldriantropfen für deine Nerven. Es wird alles gut ...

Aufgabe 7: Konzentriere dich aufs Positive

Gerade in der Anfangszeit macht man als ambitionierter Neuhundehalter gerne mal den Fehler, nur auf selbige zu achten. Schließlich kamen in den Tagträumen nur gemütliche Spaziergänge durch raschelndes Herbstlaub, kuschelige Abende auf dem Sofa bei prasselndem Kaminfeuer oder gemeinsame Strandabenteuer vor – nicht aber die angekauten Schuhe, vollgepinkelten Teppiche und umgeworfenen Bodenvasen. Und Sitz-Platz-Bleib kann der Kleine auch noch nicht richtig, geschweige denn gesittet an der Leine laufen. So hat man sich das aber nicht vorgestellt ...

Wie immer im Leben gibt es mehrere Möglichkeiten, mit dieser Situation fertigzuwerden. Du kannst dich ärgern und nur auf die Schwierigkeiten konzentrieren. Die Folge: Deine Anspannung steigt. Der Ton wird immer rauer, der Geduldsfaden immer dünner ... Und dein Hund? Immer hibbeliger. Oder er zeigt dir die Mittelkralle und zieht sich zurück. Unter Stress gesetzt lernt man schlecht bis gar nicht, und miese Laune animiert nicht unbedingt zu Höchstleistungen.

Geh doch mal von dir aus – mit wem möchtest du lieber deine Zeit verbringen? Mit deinem griesgrämigen Chef, der ständig nur an dir herumnörgelt und bei jeder sich bietenden Gelegenheit erklärt, dass er mit deiner Anstellung einen Riesenfehler gemacht hat? Oder mit der besten Freundin bzw. dem coolen Kumpel, mit dem man lachen und Spaß haben kann? Der dir zeigt, wie wichtig du für ihn bist? Auch wenn du nicht fließend Japanisch sprichst oder den perfekten Abschlag auf dem Golfplatz beherrschst.

Es ist noch kein Meister vom Himmel gefallen. Der perfekte Superhund übrigens auch nicht.

Selbst wenn's manchmal echt schwerfällt: konzentriere dich auf die (vielleicht nur minimalen) Verbesserungen. Zeig deinem Hund, dass du richtig stolz auf ihn bist! Ja, fünf Millisekunden im Sitz sind noch nicht das, was du dir vorgestellt hast – aber es ist ein toller Anfang. Vieles in der Hundeerziehung geht in winzigen Schritten voran, oft kommt auch gerne ein Rückschlag dazu.

Aber dein Fellzwerg soll ganz deutlich merken, dass er auf dem richtigen Weg ist. Die meisten Hunde möchten ihrem Herrchen und Frauchen gefallen – manchen Arbeitshunderassen sagt man sogar einen ausgeprägten ›will to please‹ nach. Aber auch wenn du (wie ich) kein solches Exemplar erwischt hast: Mit Lob und positiver Bestärkung geht alles leichter.

Und dein Hund lernt viel schneller – sogar Sitz-Platz-Bleib.

Partytime!

Ab jetzt ist also Partytime bei gutem Verhalten angesagt. Beim schüchternen Fellzwerg etwas verhaltener und ruhiger, beim Turbo-Teppichporsche entsprechend stürmischer. Nicht vergessen: Du hast den besten Hund der Welt (auch wenn du es im Moment noch etwas anzweifelst ...).

Also, habt Spaß zusammen! Mach dich interessant für deinen Fellzwerg, lob ihn, spiel mit ihm, freu dich über ihn! So eine gemeinsame Spontanparty ist der beste Gute-Laune-Booster überhaupt ...

Aufgabe 8: Vergleiche nicht

Schon gar nicht deinen Hund mit den anderen.

Achte nicht dauernd darauf, was andere Welpen schon alles können. In einer *guten* Welpenschule wird man Stärken und – na, sagen wir mal – weniger optimale Eigenschaften deines Fellzwergs aufdecken und dir entsprechend individuell Tipps und Hilfestellungen geben.

Der schneidige Schäferhund kann schon eine ganze Minute im Sitz aushalten? Dafür hat er wahrscheinlich schon Schuhe im Wert eines Wochenend-Wellnessurlaubs geschreddert.

Der Wuschelmix mit Herdenschutzhund-Genen folgt seinem Herrchen glücklich hechelnd auf Schritt und Tritt, während dein Mini gerade am anderen Ende des Übungsplatzes den Maulwürfen bei Bodenlockerungsarbeiten hilft? Der Privatdetektiv auf vier Pfoten lässt die Überwachung aber garantiert zuhause auch nicht sein. Gib zu, du möchtest wenigstens auf der Toilette mal eine Minute für dich, oder?

Also, überlass das ständige Vergleichen den berühmt-berüchtigten Eislaufmuttis an der Stadionbande. Dein Fellzwerg hat wahnsinnig viele tolle Eigenschaften – du musst sie nur entdecken. Konzentriere dich nicht auf all die Dinge, die (noch) nicht so gut klappen. Wer vergleicht, wird unsicher.

Es wird immer einen Hund geben, der irgendwas besser, schneller oder weiter kann als deiner. Aber das ist nur ein winziges Steinchen im kompletten Mosaik. Bau es so zusammen, dass es genau zu euch passt.

Es muss nicht jeder Hund ein Ass in Obedience werden. Vielleicht wird aus deinem Fellzwerg dafür später mal ein begnadeter Tanzpartner beim Dogdancing?

Aufgabe 9: Hör auf dein Bauchgefühl

Hör nicht auf die anderen, sondern auf dein Bauchgefühl.

Okay, das klingt im ersten Moment etwas seltsam. Natürlich sollst du die Tipps und Tricks eines (guten) Trainers beherzigen – wobei du aber herausfinden musst, ob er wirklich der Richtige für euch ist. Das geht nur über den praktischen Test. Wir haben seinerzeit den Fehler gemacht, den Hundetrainer primär nach Wohnortnähe auszusuchen. Dieser Fehler kostete uns nicht nur ein paar Hundert Euro, die für einen passenderen Trainer besser investiert gewesen wären, sondern auch viele Stunden Schlaf. Und Sophie ging es ganz offensichtlich genauso.

Wie schon erwähnt: Beobachte genau, wie sich dein Hund und du in der Welpengruppe oder beim Einzeltraining fühlen. Der Trainer mag vielleicht ein super Händchen für Hunde haben, bei denen hundertprozentige Konsequenz und Genauigkeit entscheidend für den Trainingserfolg ist – aber für deinen Fellzwerg ist ein Coach mit Gespür für ängstliche Hundeseelen besser? Scheu dich nicht, auf dein Bauchgefühl zu hören und eine Alternative auszuprobieren.

Auch mit Erziehungsratschlägen ist das so eine Sache. Was mit dem einen Fellzwerg super funktioniert, sorgt beim anderen für totales Chaos. Befolge nicht einfach unkritisch einen Tipp – nein, nicht mal die aus diesem Buch hier.

Ein Beispiel: Als Sophie bei uns einzog, waren wir uns klar darüber, dass sie ein guter, ruhiger Beifahrer werden muss. Wir wohnen auf dem flachen Land, wo alle paar Stunden mal ein Bus fährt – und dann garantiert nicht dorthin, wo man hinwill. Wir hatten in den verschiedenen Ratgebern gelesen, dass man *auf gar keinen Fall* reagieren dürfte, wenn der Welpe beim Autofahren zu jammern beginnt. Damit würde man nur das schlechte Verhalten (= Jammern) bestätigen, was in kürzester Zeit zu noch schlechterem Verhalten (= Bellen, Jaulen, Toben) führt.

In den ersten vier Wochen lief alles perfekt. Sophie kam in einen Hundekorb auf den Beifahrersitz, wurde ordentlich angeschnallt – und los ging's. Kein Wimmern, kein Fiepen, kein Bellen. Wir gratulierten uns stumm zu unserer erfolgreichen Erziehung.

Bis Woche Nr. 5. Sophie begann nach wenigen Minuten Autofahrt zu fiepen. Erst leise, dann immer lauter. Und noch lauter. Mit zusammengebissenen Zähnen ignorierten wir lehrbuchmäßig weiter. Aus dem Fiepen wurde ein Wimmern, dann ein Jammern – und wir warfen uns verzweifelte Blicke zu. Bis wir die Nerven verloren, Lehrbuch Lehrbuch sein ließen und rechts ran fuhren.

Zum Glück. Völlig unbemerkt hatte sich Sophie den Gurt um ein Hinterbeinchen gewickelt, der es inzwischen komplett abschnürte. Wir brauchten einen Gurtschneider, um sie daraus zu befreien, und eine ganze Weile, bis wir uns sicher waren, dass sie keinen bleibenden Schaden am Bein erlitten hatte. Und zuhause einen riesigen Knochen, um uns bei ihr zu entschuldigen. Wenn wir nicht ganz spontan beschlossen hätten, auch mal auf einen Ratschlag zu pfeifen, hätte Sophie vielleicht ein Beinchen verloren.

Also hör auf dein Bauchgefühl – vor allem, wenn sich dein Fellzwerg plötzlich merkwürdig verhält!

Lass dich auch nicht von den unzähligen Hundeexperten kirre machen, die (meistens ungefragt) Klugscheißertipps geben. Du triffst sie überall. In den Internet-Foren, auf der Straße und vor allem auf der Hundewiese.

Halsband oder Geschirr? Hund immer an der Leine oder konsequenter Freilauf? Hundekontakt oder doch besser keiner? Jeder weiß es besser als du. Und jeder würde es an deiner Stelle ganz anders machen.

Garantiert.

Versuch gar nicht erst, mit den selbsternannten Hundeprofis zu diskutieren. Das verlängert das Drama nur. Lächle freundlich, nicke – und mach dein eigenes Ding.

Zusammen mit deinem Hund. Der kümmert sich übrigens auch einen Dreck um die Meinung anderer Vierbeiner.

Er hört schließlich auf seinen eigenen Bauch.

Und nochmal kurz & knapp:

Puh, das war jetzt eine ganze Menge Input, oder? Aber keine Angst, so viele Punkte stehen gar nicht auf der Liste. Hier kommen auf einen Blick alle Basics – so kannst du immer mal wieder kurz nachschauen:

- Lerne deinen Hund richtig kennen
- Gib ihm das Gefühl, dass er sich immer auf dich verlassen und dir vertrauen kann
- Zeig ihm seine neue Welt wie eine erfahrene Hundemama
- Stelle klare Regeln auf und setze konsequent Grenzen
- Achte auf ausreichende Ruhephasen
- Hör auf dein Bauchgefühl

Und – ganz wichtig

- Habt Spaß zusammen!

So, dann kann's ja losgehen mit der ›richtigen‹ Erziehung! Im nächsten Teil bekommst du eine ganze Menge Praxistipps, wie aus deinem Fellzwerg ein wirklich gut erzogener Hund wird.

Also, bist du bereit fürs Trainingscamp?

TEIL 3

Auf ins Trainingscamp!

Eine Warnung vorab ...

Eine kleine Warnung vorab: Auf die Frage, wie man zu einem richtig gut erzogenen, tollen Hund kommt, wirst du viele Antworten erhalten. Die (virtuellen) Buchregale brechen schier unter den Ratgebern zusammen, und im Fernsehen kommt gefühlt jeden Tag eine Sendung, in deren Titel irgendwas mit ›Hundetraining‹, ›Welpenerziehung‹ und ›Das muss dein Hund aber können!‹ steht.

Keine Panik.

Mach es dir einfach – genau wie bei deiner persönlichen Sozialisierungs-checkliste. Wenn ihr nicht gerade gemeinsam vom Weltmeistertitel im Obedience träumt, gibt es nur eine einzige Frage, die du dir stellen solltest. Und die lautet: *Wie soll sich mein Hund in bestimmten Situationen verhalten?*

Das war's schon. Mehr nicht. Aber nimm dir für diese Frage und vor allem deren Beantwortung richtig viel Zeit – die Antworten sind nämlich entscheidend für alles, was ihr beide euer gesamtes Teamleben lang lernen werdet.

Ja, richtig gelesen. Ein Leben lang. Tag für Tag.

Anfangs intensiv und oft auch nervenaufreibend, später entspannter und gelassener. Verabschiede dich von der Vorstellung, dass man mit dem Hund nur ein paarmal eine Übung wiederholen muss, damit sie dann für alle Zeiten immer und überall klappt. Das tut es nur in den Hochglanzbroschüren.

Die berühmt-berüchtigte Lernkurve ist keine gerade Linie, die steil von 0 nach 100 führt. Sie hat eher Ähnlichkeit mit dem Atlantik bei Windstärke 10. Ein ständiges Rauf und Runter, dazwischen ein paar starke Brecher, salzige Gischt, die dir ins Gesicht peitscht – und mehr als einmal wirst du das Gefühl haben, dass ihr beide nie im Leben ruhige Gewässer erreicht.

Dein Fellzwerg kann zum Beispiel schon das perfekte Sitz auf dem Wohnzimmerteppich? Herzlichen Glückwunsch! Draußen im Garten und erst recht auf der Gassirunde sieht's allerdings schon wieder ganz anders aus. Aus Sitz wird ›*Hä?*‹, und aus ›*Hä?*‹ wird ›*Tschüss!*‹.

Spätestens, wenn der beste Hundekumpel ums Eck trabt.

Fang klein und ablenkungsfrei an

›Ablenkung‹ heißt das Zauberwort, das dir je nach Charakter und rassetypischen Eigenschaften deines Fellzwergs beim Trainieren graue Haare sprießen lassen wird. Egal, welche der Aufgaben du mit deinem Hund üben willst – fang immer klein (sprich ablenkungsfrei) an!

Im Normalfall ist das bei dir zuhause ein Raum, in dem sich dein Hund wohlfühlt und ihr euch beide aufeinander konzentrieren könnt. Ich tippe mal darauf, dass es sich dabei ums Wohnzimmer handelt.

Die Übung klappt schon richtig gut? Prima. Dann steigere ganz vorsichtig den Schwierigkeitsgrad, indem du auch mal im Schlafzimmer übst. Und dann im Flur.

Auch alles easy? Dann mal raus in den Garten. Na, fällt es deinem Fellzwerg schon schwerer, sich zum Beispiel auf seinen Boppes zu setzen?

Lass dich nicht entmutigen, wenn er die Amseln in der Hecke deutlich spannender findet als deine hochtrabenden Erziehungspläne. Vergiss nicht, ihr befindet euch mitten auf dem Atlantik. Da sind Hochs und Tiefs an der Tagesordnung. Werde nicht nervös – oder sogar wütend auf deinen Hund. Bleib einfach dran. Geh zurück in den Flur, oder vielleicht sogar ins Wohnzimmer. Dein Fellzwerg muss Zeit haben, zu lernen.

Du übrigens auch.

Macht ein Spiel aus der ganzen Erziehungssache, habt Spaß dabei. Übe nur, wenn ihr beide gut drauf seid! Sobald (zeitlicher) Zwang nach dem Motto ›Ihr Hund muss nach zwei Wochen folgende Dinge können …‹ oder ›Trainieren Sie täglich mindestens fünfzehn Minuten folgende Übung‹ aufkommt, wirst du eher Frust und Enttäuschung ernten statt Erfolg.

Du weißt ja: Dein Hund ist der geborene Opportunist. Er will ein cooles, tolles Leben an deiner Seite führen, keinen militärischen Drill exerzieren. Je angenehmer du ihm das Lernen machst, desto lieber (und schneller) wird er lernen. Und zwar genau die Dinge, die er braucht, um mit dir zusammen ein geniales Team zu bilden und sich in der entsprechenden Situation so zu verhalten, wie du es dir wünschst.

Das ist im Normalfall gar nicht so kompliziert, wie du gleich sehen wirst. Ich stelle dir nämlich ein paar Grundübungen vor, die sich für uns bewährt haben. Ob du die eine oder andere Lektion nicht brauchst, oder in einer anderen Variante, weißt du am besten. Vielleicht steckt in deinem Fellzwerg ein künftiger Obedience-Champion, der in Perfektion im Fuß laufen will und sich auf die Trainingsstunden auf dem Hundesportplatz freut? Dann darfst du natürlich alle Übungen aus den Gehorsamkeitsprüfungen akkurat aufbauen. Für alle anderen gilt: Hauptsache, die Übungen ersparen euch Stress, Ärger – und gefährliche Situationen.

Und jetzt kommt eine richtig gute Nachricht für dich: Die meisten Übungen fallen deinem Fellzwerg im Moment noch richtig leicht! Sie bauen nämlich auf seinem angeborenen Verhalten auf. Dein Mini-Hund kommt quasi schon mit eingebauter Grundausstattung bei dir an – ist das nicht cool?

Du musst nichts weiter tun, als dieses Verhalten zu bestärken und Schritt für Schritt mit dem entsprechenden Befehl zu verknüpfen. Ich persönlich mag eigentlich nicht so gern von Befehl oder Kommando sprechen, sondern lieber von einem Code. Das klingt eher nach geheimer Verständigung in einem perfekt aufeinander eingespielten Team, oder?

Außerdem wirst du ja nicht nur akustische Zeichen geben wollen, sondern auch ein entsprechendes Körpersignal einsetzen. Der Klassiker: Das ›*Sitz!*‹ und der erhobene Zeigefinger. Warum ausgerechnet diese Kombination so genial ist, erfährst du gleich in der Praxisübung.

Die besten Wortcodes

In Teil 2 hatten wir es ja schon mal, das Thema Verständigung. Wir Menschen reden gern – und viel. Und wir lieben Abwechslung. Warum immer das gleiche Wort benutzen, wenn es so viele andere schöne gibt, die eine ähnliche Bedeutung haben?

Für einen Hund ist unsere Artikulierungsbegeisterung allerdings eine echte Katastrophe. Er soll – manchmal sogar in einer für ihn äußerst herausfordernden Situation – aus einem ganzen Haufen verschiedener Laute heraushören, was er tun oder lassen muss.

Das Ganze wird ihm viel leichter fallen, wenn du für ein bestimmtes Verhalten (oder das Unterlassen eines bestimmten Verhaltens) jeweils einen besonderen Code mit ihm vereinbarst.

Was so einen guten Wortcode ausmacht?

- Er besteht möglichst nur aus einem Wort
- Er ist einprägsam – auch für dich!
- Er ist klar von anderen Codes zu unterscheiden
- Er wird sonst nicht (bzw. nicht im Trainingszusammenhang) benutzt

Das hast du aber fein gemacht!

Und das wichtigste Codewort von allen? Ist natürlich das für ein Lob.

Dieses Codewort wird quasi der Schlüssel zum gut erzogenen Hund – denn er merkt so ganz direkt, ob er etwas toll (oder nicht so toll) gemacht hat. Die Renner auf der Hundewiese sind ›*Fein!*‹, ›*Super!*‹, ›*Toll!*‹ oder wer's international mag: ›*Yes!*‹. Du hattest dir ja schon ein schönes Wort in der Aufgabe ›Lerne deinen Hund kennen‹ ausgedacht.

Natürlich wird deinem Fellzwerg das reine Belohnungswort erstmal nicht ausreichen, wenn er etwas toll gemacht hat. Er möchte ein ›richtiges‹ Geschenk – und das bekommt er natürlich auch. Fürs Training eignen sich besonders kleine, trockene Leckerli, von denen dein Fellzwerg auch ein paar hintereinander vertilgen kann, ohne dass ihm gleich schlecht wird. Ein kurzes Spiel ist natürlich auch okay – du solltest nur darauf achten, ob sich dein Hund gleich wieder auf euer Training konzentrieren kann oder ob der Ball wichtiger wird.

Und nicht vergessen: Man soll immer dann aufhören, wenn's am schönsten ist. Das gilt auch für die Trainingseinheiten. Oft hört man, dass bei Welpen nach spätestens drei Minuten Schluss ist mit der Aufmerksamkeit.

180 Sekunden – das klingt jetzt erstmal nicht besonders berauschend. Aber du wirst sehen, dass drei Minuten konzentriertes Üben ganz schön intensiv sind. Also lieber über den Tag verteilt mehrere kurze Übungseinheiten einschieben – und immer mit einem positiven Ergebnis beenden.

Die Übung will einfach nicht mehr klappen? Kein Problem. Jeder hat mal einen Knoten im Hirn. Dann gibt's zum Abschluss einfach eine ganz simple Aufgabe.

Los geht's!

Übung 1: Schau mir in die Augen, Kleines

Die einfachste, aber wichtigste Übung überhaupt ist nicht das Sitz oder Platz, wie viele meinen. Denn was brauchst du, um mit deinem Fellzwerg überhaupt üben zu können?

Genau. Seine Aufmerksamkeit. Und die sicherst du dir am besten über den Blickkontakt. Da du ja inzwischen schon eifrig dabei bist, dich total interessant für deinen neuen Mitbewohner zu machen (siehe Teil 2 dieses Buches), ist das nicht allzu schwierig. Dein Fellzwerg lässt dich bestimmt kaum aus den Augen, damit er nicht verpasst, wenn du wieder etwas wahnsinnig Spannendes machst. Die Futterdose öffnen, zum Beispiel, oder den Ball werfen ...

Nutz diesen Moment, indem du deinen Hund belohnst, wenn er dich aufmerksam ansieht. *Für so was Simples auch noch Leckerlis?*, denkst du jetzt vielleicht. *Der Hund guckt mich doch sowieso dauernd an!*

Ja, jetzt noch. Aber bald werden andere Dinge noch viel interessanter sein als du. Das Grasbüschel, das ein Artgenosse so cool markiert hat, Nachbars Katze, die noch nicht kapiert hat, dass sie ab sofort hier persona non grata ist – oh, was ist denn das da? Kann man das fressen? Egal, rein damit ...

Und genau in diesem Moment wirst du dir wünschen, du hättest die ›Schau mich an‹- Übung doch mal in den Alltag eingebaut.

Ein kleiner, aber sehr wichtiger Hinweis vorneweg. Bitte achte ganz genau darauf, wie dein Hund auf Blickkontakt reagiert. Grundsätzlich gibt es nämlich auch das sogenannte ›Drohstarren‹ unter Hunden. Und es ist genau das, was der Name verrät – eine (Be)Drohung.

Der Blickkontakt zu dir sollte für deinen Hund natürlich immer angenehm und positiv sein! Wendet dein Fellzwerg also seinen Kopf ab, leckt sich über die Nase oder sendet andere Beschwichtigungssignale, ändere die Übung ab. Statt einem (mehr oder weniger) tiefen Blick in die Augen reicht es dann, wenn dein Hund sich dir zuwendet und zu dir hochsieht.

Probier's doch gleich mal. Warte, bis der Hund den Blickkontakt zu dir sucht – *feiiiin!* (oder wie dein Belohnungswort heißt). Und zack! Hast du ein Leckerli aus dem Nichts gezaubert.

Wow, denkt sich dein Hund. *Ich hab wirklich das beste Herrchen/ Frauchen der Welt! Da riskier ich doch gleich noch mal einen Blick. Guck mal, wie lieb ich guck!*

Na, klappt doch schon ganz gut, oder? Dann wird's Zeit für dein erstes Codewort für eine Aktion. Schließlich willst du ja erreichen, dass dein Hund dich anschaut, wenn *du* es gerne möchtest.

Wir haben uns für das simple ›*Schau!*‹ entschieden – aber deiner Phantasie sind keine Grenzen gesetzt. Hauptsache, das Codewort erfüllt die Voraussetzungen ›kurz, knapp, einprägsam‹.

Warum nicht einfach den Hundenamen nehmen? Der ist schließlich meistens kurz, knapp und einprägsam, oder, Buddy/Luna? Ganz einfach deswegen, weil du den Namen deines Vierbeiners garantiert ständig und in ganz unterschiedlichen Situationen benutzt. In dieser Übung geht's aber darum, die Aufmerksamkeit deines Hundes auf dich zu lenken, indem er dich anschaut.

Also, ab jetzt mit Codewort. Warte, bis dein Hund wieder Blickkontakt aufnimmt. Nun sofort das ›*Fein!*‹ – und während du das Leckerli präsentierst, sagst du deutlich das entsprechende Codewort.

Ja, erst jetzt. Dein Hund lernt nämlich gerade Vokabeln. Woher soll er wissen, dass ›*Schau!*‹ oder ›*Guck mal!*‹ bedeutet, dass er dich ansehen soll? Gib ihm Zeit, die Handlung mit dem Codewort zu verknüpfen.

Klappt es schon gut? Dann auf zum nächsten Schritt: Sag das Codewort. Wetten, dass dein Fellzwerg dir wieder in die Augen schaut? Er ist schließlich gerade total bei der Sache. ›*Fein!*‹ – und Leckerli.

Und gleich nochmal das Ganze.

Und nochmal.

Und nochmal.

Aber auch für diese einfache Übung gilt: Lieber kurz und dafür öfter mal zwischendurch. Wenn unser Agility-Trainer recht hat (und das hat er eigentlich immer), braucht ein Hund rund 5000 Wiederholungen, um eine Übung abzuspeichern.

Also, dann mal ran an die restlichen 4999 Mal!

Und jetzt mit vollem Körpereinsatz!

Sobald das ›Schau‹ schon recht gut sitzt, darfst du auch schon eine Steigerung einbauen. Wie wir wissen, sind Hunde wahre Meister der Körpersprache. Es empfiehlt sich daher, nicht nur auf akustische Signale zu setzen (auch wenn wir Menschen unser Gegenüber lieber in Grund und Boden quasseln).

Am besten finde ich persönlich die Hand, die Richtung Augen führt – dann nimmst du quasi die Aufmerksamkeit der Hundeaugen mit. Besonders einfach machst du es deinem Fellzwerg, wenn du das Belohnungsleckerli deutlich sichtbar in der Hand zu deinen Augen führst, während du das Codewort sagst. Dein Fellzwerg bekommt gar nicht genug von dieser Übung, stimmt's?

Und wenn die ganze Übung im Wohnzimmer klappt, könnt ihr langsam den Schwierigkeitsgrad steigern. Denk dran: Immer in bekannter, reizarmer Umgebung starten, bevor es nach draußen geht!

An dieser Stelle noch ein Wort zur Belohnung: Auch wenn das dein Hund jetzt gar nicht gerne hört – du darfst nach einer Weile anfangen, die Leckerli zu rationieren. Sprich, es gibt nicht mehr für jedes erfolgreiche ›Schau!‹ ein Leckerli, sondern abwechselnd nur noch für jedes zweite.

Und irgendwann nur noch für jedes dritte und vierte. Immer schön ohne festen Rhythmus, damit dein Hund nicht auf die Idee kommt, er müsste nur einfach abwarten, bis du wieder was Nettes aus der Hosentasche zauberst. Du willst dir ja keinen ›Leckerli-Abstauber‹ heranzüchten, der nur etwas tut, wenn du ihn dafür mit Fressalien belohnst.

Aber jetzt ist erstmal Partytime angesagt, mit Hundekeks und Leberwurst!

Für was braucht man denn das?

Die ›Kann ich bitte mal deine volle Aufmerksamkeit haben?‹-Übung ist eigentlich die Basis für so ziemlich alles, was ein gut erzogener Hund können soll.

Ganz besonders hilfreich ist das ›Schau mich an!‘:

- Als Startschuss für Übungseinheiten
- Im Training der sogenannten Leinenführigkeit (siehe Übung 7)
- Bei Begegnungen mit anderen Hunden, Menschen, Katzen, Eichhörnchen – einfach alles, was deinen Fellzwerg ablenken (und zu Dummheiten verführen) kann
- Als kleines Innehalten vor dem Freilauf (damit dein Hund nicht wie eine Rakete auf vier Pfoten davonschießt und dir dabei regelmäßig das Schultergelenk auskugelt)

Ach, eigentlich bei allem. Probier's einfach aus. Du wirst sehen: Damit klappen die folgenden Übungen noch *viel* besser.

Übung 2: Ein Hoch aufs Sitz!

Endlich kommt das kleine Einmaleins der Hundeerziehung, nach dem einen praktisch jeder Passant fragt: ›*Kann Ihr Hund denn auch Sitz?*‹

Das flotte Setzen auf die vier Buchstaben ist bei Nichthundehaltern irgendwie der ultimative Beweis dafür, dass man es mit einem gut erzogenen, braven Hund zu tun hat. Was die meisten nicht wissen: Gerade Welpen setzen sich eigentlich immer hin, wenn ihnen etwas merkwürdig vorkommt, sie unsicher sind und einfach nur mal eine kurze Pause zum Nachdenken brauchen.

Mit ein bisschen Planung hast du also in Windeseile einen wahren Sitzkünstler!

Denk dir ein schönes Codewort aus, falls dir das ›*Sitz!*‹ zu 08/15 ist, bewaffne dich mit Leckerli – und los geht's.

Solltest du übrigens Ambitionen haben, die Begleithundeprüfung zu absolvieren oder später im Obedience zu glänzen, vergewissere dich am besten im Internet oder bei deiner Hundeschule, welche Kommandos aktuell gelten. Die Prüfungsordnung für die Begleithundeprüfung ändert sich zum Beispiel gerne immer mal wieder. Falls du dir unsicher bist, bleibst du besser bei den ›klassischen Kommandos‹. Für alle anderen gilt: Erlaubt ist, was gefällt – und zu euch passt.

Wie immer führen mehrere Wege nach Rom. Entweder passt du die Gelegenheit ab, wenn sich dein Fellzwerg mal wieder auf seinen Boppes setzt, und belohnst ihn in diesem Moment mit einem Lob und Leckerli.

Oder – und diese Methode finde ich persönlich besser: Du nimmst das Leckerli (und hast damit im Normalfall schon die ungeteilte Aufmerksamkeit deines Fellzwergs sicher) und führst deine Hand langsam vor der Schnauze deines Hundes nach oben. Im Normalfall plumpst er jetzt ganz automatisch auf sein Hinterteil, weil er schließlich ans Leckerli will.

›*Feiiin!*‹ – und rein mit dem Leckerli ins Mäulchen. Achte darauf, dass er nicht mit der Pfote nach deiner Hand angelt oder es mit einem Hopser versucht. Dafür gibt's natürlich keine Belohnung!

Na, habt ihr den Bogen schon raus? Dann wird's Zeit für dein Codewort. Sag es aber erst genau in dem Augenblick, wenn dein Kleiner wirklich richtig sitzt.

Es klappt schon ganz toll? Wie bei der ersten Übung steigerst du die Schwierigkeit, indem du *erst* das Codewort sagst und wartest, dass er sich hinsetzt. Vielleicht braucht dein Fellzwerg am Anfang noch ein bisschen Unterstützung durch deine Hand, die das Leckerli vor seiner Nase nach oben führt.

In der nächsten Stufe kommt dein Körpersignal dazu: Wie wär's mit dem erhobenen Zeigefinger? Sieht zwar etwas autoritär aus, hat aber den Vorteil, dass die Geste deiner Handbewegung mit dem Leckerli ähnelt. Der Blick deines Fellzwergs folgt dem Finger, und schon sitzt er. Was du mit einem freudigen ›*Feiiin!*‹ und einem Leckerli belohnst.

Ach, wenn doch alles in der Hundeerziehung so einfach wäre ...

Und nachdem es so gut klappt, kannst du mit der Leckerli-Belohnung ein bisschen warten. Das stimmliche Lob kommt sofort, wenn der Boppes auf dem Boden ist, das Leckerli – etwas später. Und noch etwas später ...

Schon gemerkt? Wir gehen mit großen Schritten Richtung Impulskontrolle – und dem ›*Bleib!*‹ aus Übung 5. Aber jetzt wird erst mal hingesetzt, was das Zeug hält.

Überfordere dein Hundebaby aber bitte nicht, indem er zu lange auf seinen vier Buchstaben hocken soll. Das Thema Auflösen bzw. Freigabe kommt in einer späteren Übung noch ausführlich dran, versprochen!

Für was braucht man denn das?

Ein Hund im Sitz ist erstmal (relativ) sicher geparkt. Und das ist öfter nötig, als man denkt.

Zusammen mit dem Blickkontakt hast du jetzt einen Hund, der auf dich konzentriert ist – und keinen Blödsinn macht, während du zum Beispiel gerade mit ihm an der Fußgängerampel wartest. Oder ein kurzes Schwätzchen mit den Nachbarn halten möchtest (›*Kann der Kleine denn auch Sitz?*‹). Oder dich auf die nächste Übung in der Hundeschule konzentrieren willst.

Du siehst, es lohnt sich, sofort mit dem Sitz-Training anzufangen. Du wirst es öfter brauchen, als du im Moment vielleicht ahnst.

Übung 3: Bitte, nehmen Sie doch Platz

Eine beliebte Variante vom Sitz ist das Platz, also das Abliegen.

Manche Ratgeber sehen die Sache nicht so eng und empfehlen, sich für eins von beiden zu entscheiden – je nachdem, was dem Hund leichter fällt. Manche Fellzwerge tun sich mit dem Sitzen wohl etwas schwer und legen sich lieber gleich flach auf den Bauch. Wie sieht's bei deinem Hundebaby aus?

Auch wenn du keine Ambitionen auf Gehorsamkeitsprüfungen und Obedience-Sport hegst: Ich empfehle dir, beide Übungen zu trainieren. Warum? Das Sitz eignet sich hervorragend für Aufmerksamkeitsübungen, das Platz für ›Du hast jetzt ein bisschen länger Pause‹, sprich Entspannung.

Und beides hat seine Berechtigung.

Bevor du mit dem Training anfängst: Bitte achte besonders beim Üben vom Platz darauf, dass der Untergrund auch für ein zartes, nacktes Welpenbäuchlein angenehm ist. Fliesen zum Beispiel können sich ziemlich kalt und hart anfühlen. Mach's deinem Fellzwerg leicht und übe möglichst erstmal auf kuscheligem Teppich. Der ist auch angenehmer für dich, weil du während des Trainings am besten vor deinem Hund kniest. Bitte beuge dich aber nicht direkt über ihn – sonst kann es leicht passieren, dass dein Fellzwerg erschrocken den Rückwärtsgang einlegt.

Seid ihr beide startklar? Also, ab auf den Teppich – bestimmt kommt dein Welpe gleich ganz interessiert angetapst und bleibt vor dir voller Erwartung stehen. Nimm ein tolles Leckerli in die Hand und führe sie vor der verzückt schnuppernden Hundenase gerade nach unten auf den Boden. Nutze dafür gleich das klassische Handzeichen fürs Platz, nämlich die ausgestreckte Hand, die mit der Handfläche eine Bewegung nach unten macht.

Klemm einfach das Leckerli mit dem Daumen unter deiner Handfläche fest, wenn du deine Hand langsam senkst und zwischen den Vorderpfoten deines Fellzwergs auf dem Boden ablegst. Sicher versucht er gleich, an das Leckerli heranzukommen – und wird schnell kapieren, dass er sich dazu am besten flach hinlegt.

Das stimmliche Lob und das Leckerli gibt's natürlich erst, wenn dein Hundebaby richtig schön flach daliegt. Nicht schummeln! Sonst hast du einen Hund, der statt einem schönen Platz eine verunglückte Kniebeuge vorführt, und mit dem Liegenbleiben wird's später auch nichts.

Bestimmt macht dein Welpe aber ganz begeistert mit, wenn er das Prinzip mal kapiert hat – und du kannst schon nach ein paar Übungssequenzen langsam den Schwierigkeitsgrad steigern. Jetzt fügst du nach dem Lob und dem Leckerli dein Codewort ein.

Kleiner Tipp: ›*Sitz!*‹ und ›*Platz!*‹ hören sich durch den Zischlaut am Ende des Wortes für zarte Hundeöhrchen sehr ähnlich an. Viele Hundeeltern entscheiden sich daher für das englische ›*Down!*‹. Wie beim ›*Sitz!*‹ gilt aber auch hier: Wer später mit seinem Hund Richtung Begleithundeprüfung und sogar Obedience arbeiten will, sollte vorher abklären, welche Kommandos in diesen Bereichen gelten.

Wenn's schon gut klappt, führst du deine Hand nicht mehr bis ganz auf den Boden, denn du möchtest ja nicht jedes Mal eine Gymnastikübung vorturnen, wenn du deinen Hund ins Platz schicken willst. Achte aber auf alle Fälle darauf, dass dein Fellzwerg wirklich liegt, bevor du ihn lobst und das Leckerli herausrückst.

Ist er zu aufgeregt und versucht, mit seinen scharfen Zähnchen an das Leckerli in deiner Hand zu kommen, gehst du wieder einen Schritt in der

Übungsstufe zurück. Dann probiert ihr es eben weiter mit der flachen Hand auf dem Boden – und du wartest noch konsequenter, bis dein Hund ruhig liegt.

Viele Trainer empfehlen übrigens, Signalwort und Handzeichen nicht gleichzeitig zu geben, damit der Hund praktisch beide Vokabeln unabhängig voneinander lernt. Stell dir vor, wie cool es aussehen wird, wenn sich dein Hund nach einer scheinbar beiläufigen Handbewegung lässig neben dir hinlegt, während die anderen Hundeeltern noch ihr ›*Jetzt mach mal Platz, Luna. Platz, hab ich gesagt! Luna, Platzzzz! Aber sofort!*‹ jodeln. Oder wenn du aus der Küche ein freundliches ›*Down*‹ rufst und sich dein Hund im Wohnzimmer auf den Teppich legt ...

Okay, bis dahin ist noch ein weiter Weg. Jetzt kommt erstmal die nächste Trainingsstufe: Du sagst dein ›*Down*‹ und führst im nächsten Augenblick die Hand nach unten. Damit verknüpft dein Fellzwerg das Codewort mit der Tätigkeit, denn dass diese bestimmte Handbewegung die Aufforderung zum Hinlegen ist, hat er ja schon gelernt. Und immer schön loben und belohnen!

Im letzten Schritt der Übung kniest du dich nicht mehr vor deinen Fellzwerg hin, sondern bleibst stehen, während du Handzeichen sowie Codewort gibst. Und wenn das auch gut funktioniert, darfst du die Trainingsorte variieren. Dein Hund kennt das ja inzwischen schon ...

Und wenn's irgendwie gar nicht klappen will, obwohl der Teppich so kuschelig weich ist? Gehört dein Fellzwerg auch zu den Exemplaren, die lieber auf allen vier Pfoten herumzappeln, statt sich hinzulegen?

Dann darfst du jetzt noch ein bisschen mehr Gymnastik machen. Geh auf die Knie und strecke dann – wenn du Rechtshänder bist – das linke Bein aus. Linkshänder tun sich seitenverkehrt mit dem rechten Bein leichter. Unter dem ausgestreckten Bein sollte noch ordentlich Platz für dein Hundebaby sein. Jetzt lockst du deinen Fellzwerg mit dem Leckerli heran und führst ihn *von hinten* unter dem ausgestreckten Bein durch, die Hand dabei nah über dem Boden. Automatisch muss sich dein Hund jetzt nämlich auf den Bauch legen, um ans Leckerli zu kommen.

Bestimmt versteht dein Fellzwerg nach wenigen Wiederholungen, für was er die Belohnung bekommt – und du kannst dein Bein immer höher nehmen, bis du dich wieder entspannt hinknien (und irgendwann sogar hinstellen) kannst. So ein bildschönes Platz ist doch das bisschen Muskelkater wert, oder?

Für was braucht man denn das?

Ähnlich wie das Sitz dient das Platz dazu, die Aufmerksamkeit deines Hundes auf dich zu lenken, statt geistesabwesend durch die Gegend zu schnüffeln. Das Platz kannst du aber noch besser als Signal für eine (längere) Pause einsetzen, beispielsweise wenn du möchtest, dass dein Hund bei Besuch erstmal ruhig in seinem Körbchen liegenbleibt.

Auch im Zusammentreffen mit kleineren und/oder ängstlichen Hunden ist es eine tolle Sache, wenn sich dein Hund später mal auf Zuruf ablegt – damit begibt er sich im wahrsten Sinne des Wortes auf deren Augenhöhe, was die Situation merklich entspannen kann.

Übung 4: Und – frei!

Wie du vielleicht gerade im Training merkst, klappt das Sitz und das Platz schon ziemlich schnell richtig gut. Allerdings ist der zarte Welpenpopo bestimmt sofort wieder in der Luft.

Dein Fellzwerg soll aber nicht nur einen Spontanauftritt vor begeistertem Publikum im Park haben, sondern wirklich mal für ein paar Minuten (oder sogar länger) an seinem Platz warten. Bevor du mit der nächsten Übung, dem berühmt-berüchtigten Bleiben, durchstartest, kannst du jetzt einen Zwischenschritt trainieren, den überraschend wenige Hundehalter kennen.

Die Rede ist vom sogenannten Auflösungskommando, auch Freigabe genannt. Du beendest also aktiv mit einem Codewort (wie wär's ganz einfach mit ›*Frei*‹ oder ›*Fertig*‹?) und einer entsprechenden Handbewegung eine Übung, wie zum Beispiel das Sitz oder das Platz.

Die große Freiheit ruft ...

Zu Beginn dieser Übung heißt es schnell sein. Anfangs folgt das ›*Frei!*‹ samt Handsignal nämlich in Sekundenbruchteilen, nachdem das Leckerli zwischen den gierigen Welpenzähnchen verschwunden ist – auf das dein Fellzwerg immer ein winziges Stückchen länger warten muss. Dann verzögerst du auch die Freigabe und die Handbewegung kaum merklich.

Ideal ist es, wenn dich dein Fellzwerg nach dem Runterschlucken des Hundekekses aufmerksam ansieht. Ihr übt doch sicher fleißig immer noch zwischendurch das ›*Schau mich an*‹? Dann weiß dein Hundebaby ja, dass sich ein tiefer Blick in Herrchens oder Frauchens Augen immer lohnt – nicht nur, wenn es dazu aufgefordert wird.

Falls du dich jetzt fragst, wo der Unterschied zwischen der Freigabe und dem Bleib aus der folgenden Übung 5 besteht: Hier kommt die Hundelogik ins Spiel. ›*Sitz!*‹ zum Beispiel ist eine Aufforderung an deinen Hund, etwas zu tun. Von der Dauer hat da erstmal keiner was gesagt. Für das Sitz soll er sich auf seine vier Buchstaben setzen. Sonst nichts. Die akustische Belohnung bekommt er immer sofort, und die kulinarische im Anfangsstadium des Trainings auch.

Du willst deinem Hund aber nicht nur die reine Tätigkeit beibringen, sondern auch, wie lange er sie ausführen soll. Ja, auch das Sitzen- oder Liegenbleiben ist echt anstrengend – vor allem, wenn man ein quirliger Fellzwerg ist, der im Wachzustand nur Vollgas kennt. Trotzdem soll er lernen, dass er nicht selber über das Ende einer Aufgabe entscheidet, sondern du.

Auch hier gilt aber: Mach deinem Hund das Trainieren nicht unnötig schwer. Auf feuchtem, kaltem oder hartem Boden sitzt und liegt keiner gern länger rum. Schon gar nicht, wenn man noch das feine, flauschige Welpenfell hat.

Je schneller du anfangs die Freigabe erteilst, desto leichter fällt deinem Fellzwerg später das längere Warten. Und das Bleiben sowieso.

Denn das ist eine Übung für sich ...

Für was braucht man denn das?

Wenn du dir das Freigabesignal schenkst, musst du nach Hundelogik aus jeder Übung zwei machen.

Willst du zum Beispiel erreichen, dass sich dein Hund später mal auf dem Gassigang brav neben dich hinsetzt und in Ruhe dabei zuhört, wie du mit dem Nachbarn die aktuelle weltpolitische Lage durchdiskutierst, musst du eigentlich nach dem fröhlichen ›*Sitz!*‹ gleich noch das ›*Bleib!*‹ hinterherschieben, sobald der Hundepopo den Asphalt berührt. Schließlich hat dein Hund ja dann schon die gestellte Aufgabe erledigt und kann sofort wieder losschießen, um Nachbars Katze seine ganz persönliche Meinung zum Thema Weltfrieden mitzuteilen. Das ›*Bleib!*‹ ist dann die Fortsetzung vom ›*Sitz!*‹ und muss als Aufforderung sofort kommen.

Und wie lange dauert so ein Bleib eigentlich?, fragt sich dein Hund dann automatisch, während er zu der Katze rüberschielt, die hinterm Gartenzaun feixt. *Ich glaub, das reicht schon. Tschüß, Frauchen! Wir sehen uns nach der Siegesfeier.*

Tja, und spätestens in diesem Moment wünschst du dir garantiert, du hättest das Freigabesignal doch gleich mittrainiert, oder?

Übung 5: Bleib (wie du bist)

Wie du gerade eben gelesen hast, ist das Bleib oder das Warten eine ganz eigene Aufgabe. Der Hund soll an Ort und Stelle bleiben, was nicht unbedingt im Sitz oder Platz sein muss. Das ›*Bleib!*‹ kommt beispielsweise zum Einsatz, wenn du möchtest, dass dein Hund in seiner Box oder auf seiner Decke wartet, während dein Besuch zur Tür hereinkommt.

Ein Bleib ist für mich persönlich das Signal, dass ein Hund ruhig und entspannt warten soll, bis man sich ihm wieder widmen kann (weil beispielsweise der Besuch auf dem Sofa sitzt und jetzt bereit ist, das vierbeinige Familienmitglied ausführlich zu begrüßen). Das kann auch gerne mal einen ganzen Restaurantbesuch lang dauern – am besten auf der bequemen Hundedecke. Wenn der vierbeinige Begleiter dabei auch mal die Position wechseln möchte, weil ihm zwischen Vorspeise und Hauptgericht der Boppes einschläft, darf er das gerne. Er wurde ja nicht ins strenge ›*Sitz!*‹ oder ›*Down!*‹ geschickt. Wichtig ist nur, dass er nicht einfach auf Wanderschaft geht, sondern immer auch beim Bleib auf das Freigabesignal wartet.

Das bedeutet natürlich, dass du immer so nah bei ihm sein musst, um ihn gegebenenfalls zu korrigieren. Daher empfiehlt sich das Bleib nicht unbedingt beim Training des Alleinbleibens, auch wenn das Wort entsprechende Assoziationen weckt. Kaum ein Hund wird es schaffen, zwei oder drei Stunden still in seiner Box zu liegen, wenn er zum Beispiel Durst bekommt und der Wassernapf am anderen Ende des Zimmers steht – und ein bisschen Bewegung tut ja auch gut.

Das Bleib baust du am besten auf, wenn dein Fellzwerg bereits sitzt oder liegt und du seine volle Aufmerksamkeit hast. Am einfachsten ist es, wenn du gleich mit dem entsprechenden Handsignal und dem Codewort arbeitest. Sehr gut bewährt hat sich dafür die ausgestreckte Hand mit der Innenfläche zum Hund hin – quasi ein Stoppschild.

Jetzt beweg dich vorsichtig rückwärts von deinem Hund weg. Wenn deinem Fellzwerg das Stillhalten generell schwerfällt oder er dir noch auf Schritt und Tritt folgen will, reicht zu Beginn des Trainings schon eine leichte Neigung des Oberkörpers nach hinten, während du vor ihm sitzt.

Entscheidend ist, dass dein Hund das Warten lernt – das ›*Feiiin!*‹ gibt's also erst, wenn du die Übung auflöst, indem du das entsprechende Codewort sagst und die dazugehörige Handbewegung machst (da ist es ja wieder, das ›*Frei!*‹ aus Übung 4!) oder ihn zu dir rufst.

Wenn der Groschen im Hundebabygehirn gefallen ist, kannst du es mit dem Aufstehen und einem Schritt rückwärts versuchen. Bitte die Entfernung nicht zu schnell erhöhen! Variiere lieber die Übung, indem du einmal deinen Hund zu dir lockst, ein andermal wieder auf ihn zugehst.

Bleib anfangs auch immer deinem Fellzwerg zugewandt, damit du ihn im Blick behältst. Wenn er aufsteht, führst du ihn einfach wieder auf den Startpunkt zurück, lässt ihn sitzen oder liegen – und dann geht's mit Handsignal und Codewort von vorn los.

Wenn die Übung schon gut klappt, darfst du sowohl die Zeit des Wartens als auch die Distanz verlängern.

Der Moment, in dem du dich zum ersten Mal von deinem Fellzwerg wegdrehst und ihm den Rücken zudrehst, ist meistens nochmal eine große Herausforderung für ihn. Jetzt wird er vermutlich einen noch stärkeren Drang verspüren, dir zu folgen – so, wie er es auch bei seiner Hundemama getan hat. Also immer schön darauf achten, dass der Hund auf seinem Platz bleibt! Entweder hast du einen stillen Zuschauer in der Nähe (der aber keine zusätzliche Ablenkung für den Fellzwerg ist), oder du findest ein geeignetes Plätzchen an einer spiegelnden Fläche. Oft reicht schon eine Fensterscheibe oder die Glasscheibe eines Schranks, damit du deine Augen ›überall‹ hast.

Dein Hund hat den Dreh raus, dass er ruhig auf dich warten soll? Dann kannst du auch mal aus seinem Blickfeld verschwinden – anfangs natürlich nur ein paar Sekunden. Der Fellzwerg soll ja sicher sein dürfen, dass sein Lieblingsherrchen oder -frauchen sofort wieder in seiner Nähe ist.

Nächste Schwierigkeitsstufe: Die ganze Übung in anderen Zimmern und schließlich auch draußen. Erst im ablenkungsfreien Garten, dann auch mal auf der Wiese oder dem Weg, auf dem ihr immer Gassi geht.

Aber immer schön Schritt für Schritt – im wahrsten Sinne des Wortes. Für dein Hundebaby gibt es kaum etwas Furchterregenderes als die Vorstellung, es würde einsam zurückgelassen. Der Kleine weiß nämlich instinktiv, dass er allein nicht überleben würde.

Also, gib ihm das Vertrauen, dass du ihn nie, wirklich gar nie, im Stich lassen wirst und immer zu ihm zurückkommst. Ja, auch wenn er gerade den Mülleimer geplündert oder die Tulpenzwiebeln ausgegraben hat.

Hast du es bemerkt? In dieser Übung kam das Wörtchen ›Leckerli‹ bis jetzt überhaupt nicht vor. Und das mit purer Absicht.

Bestimmt ist dir schon aufgefallen, dass dein Fellzwerg ganz schön aufgeregt ist, wenn so ein Hundekeks vor seiner Nase tanzt. Futter ist in den allermeisten Fällen verknüpft mit angespannter, freudiger Erwartung.

Das Bleib ist aber genau das Gegenteil. Dein Hund soll später nicht die ganze Zeit angespannt dasitzen oder –liegen und darauf warten, dass du ihn endlich erlöst und vor allem ein paar Leckerli rausrückst, sondern er soll zur Ruhe kommen. Aber genau dieses angeordnete Nichtstun kann verdammt schwierig für einen Hund sein.

Ohmmm ...

Für was braucht man denn das?

Kleines Wörtchen – große Wirkung. Das ›*Bleib!*‹ wird sich im Alltag ständig anbieten, wenn dein Hund einfach mal genau dort stehen, sitzen oder liegen bleiben soll, wo du es möchtest.

Beispiele gefällig?

- Wenn Besuch kommt
- Wenn du Leckerli für ein Suchspiel versteckst
- Wenn du mit ihm Impulskontrolle übst – zum Beispiel beim (ungestörten) Füllen des Futternapfs oder vor dem Start am Hindernisparcours
- Wenn du möchtest, dass dein Hund entspannt wartet, bis du dich wieder voll und ganz um ihn kümmern kannst

... und noch vieles, vieles mehr. Du wirst sehen, das ›*Bleib!*‹ wird bald eines deiner Lieblingscodewörter ...

Übung 6: Kommst du wohl her?!?

Da ist er ja endlich, der Rückruf. Die Königsklasse der Hundeerziehung – und die Übung, an der die meisten Hundehalter verzweifeln.

Damit du dir jetzt nicht gleich *zu* große Hoffnungen machst: Der Hund, der immer und überall zu hundert Prozent sicher abrufbar ist, muss erst noch geboren werden. Aber du kannst jetzt, in der herrlich verrückten Welpenzeit, schon die Basis dafür legen, dass dein Hund später mal an der neunundneunzig Prozent-Marke kratzt.

Bis dahin ist es noch ein weiter Weg. Aber jede Reise beginnt mit dem ersten Schritt, und den kannst du jetzt schon ganz spielerisch mit deinem Fellzwerg gemeinsam gehen. Wunderbarerweise haben junge Welpen nämlich noch die Angewohnheit, ihrer Hundemama gerne auf Schritt und Tritt zu folgen. Da du jetzt deren Rolle übernommen hast, wirst du merken, dass auch du einen kleinen Schatten aus Fell bekommen hast. Und weil du ja oft richtig tolle Dinge machst oder leckere Häppchen quasi aus dem Nichts zauberst, ist es für deinen Fellzwerg auch total interessant, in deiner Nähe zu bleiben – beziehungsweise zu dir zu kommen, wenn du ihn rufst.

Wie schon öfters erwähnt spielt Körpersprache eine ganz wichtige Rolle in der Kommunikation zwischen Hund und Mensch. Leider wirkt gerade beim Rückruf unsere menschliche Körpersprache eher abschreckend als motivierend auf die Vierbeiner – was durchaus einer der Gründe sein kann, warum es bei manchen Hund-Mensch-Teams mit dem Rückruf so schlecht klappt. Während wir Menschen uns frontal dem Gegenüber zuwenden und uns möglichst noch interessiert leicht vorbeugen, gilt unter Hunden diese Körperhaltung als ziemlich unhöflich bis extrem einschüchternd.

Wenn du also möchtest, dass dein Fellzwerg freudig auf dich zutapst, musst du ›Hundisch‹ sprechen. Lehne deinen Oberkörper leicht zurück, wende dich ein bisschen von ihm ab und mach dich eher klein. Manche Hundetrainer schwören darauf, sich bei Sensibelchen sogar richtig hinzuhocken und die Arme leicht auszubreiten. Du kannst gerne auch ein paar Schritte rückwärtslaufen, wenn dein Hund zögert (oder das angepinkelte Grasbüschel immer noch viel interessanter findet). Was für uns Zweibeiner eher nach Desinteresse aussieht, wirkt auf deinen Fellzwerg animierend.

Auf welche Körperhaltung reagiert dein Hund am besten? Reicht ein leichtes Abwenden oder musst du ein bisschen Bodenturnen? Probiere es aus! Und wenn er dann glücklich hechelnd vor dir steht – lob ihn über den grünen Klee, den er gerade wegen dir links liegen gelassen hat. Leckerli hast du auch in der Tasche? Ja, es lohnt sich wirklich, zu dir zu kommen!

So, jetzt ist es an der Zeit, dir ein schönes Codewort für das ›Komm her!‹ auszudenken. Der Hundename eignet sich übrigens nicht dafür, obwohl du auf der Hundewiese garantiert ständig auf dieses Phänomen stößt – verlängert zu wahren Satzmonstern.

Die Reaktion des angesprochenen Hundes fällt entsprechend aus. Bei ihm kam nämlich nur ein komisches Geräusch an, das wohl irgendwas mit ihm zu tun hat – schließlich war ja auch sein Name dabei. Aber was, bleibt Herrchens beziehungsweise Frauchens großes Geheimnis. Also kann man ja ruhig noch ein bisschen weiterschnüffeln oder mit dem netten

Schäferhund-Mix über die Wiese toben. Warum Herrchen oder Frauchen mittlerweile einen hochroten Kopf hat und mit großen Schritten, zornblitzenden Augen und der Leine in der Hand auf ihn zu marschiert, versteht der Hund erst recht nicht. Am besten, er geht dem Ärger erstmal aus dem Weg. Und schon bekommen die erfreuten Zuschauer ein herrliches Katz-und-Maus-Spiel geboten, bei dem sich Herrchen respektive Frauchen wunderbar zum Affen macht.

Also, entscheide dich für ein besonderes Codewort, das auch wirklich nur ›Komm sofort zu mir‹ bedeutet. Es sollte dir auch in stressigen Situationen leicht und in freundlichem Tonfall von den Lippen kommen. Würdest du gerne beschwingt zu jemandem hinmarschieren, der dich schon aus der Ferne anbrüllt? Dein Hund auch nicht.

Wir haben seinerzeit in einem Anfall geistiger Umnachtung das englische Kommando aus der Hütehundausbildung (›*That'll do!*‹) ausgewählt und jubeln seitdem ein ziemlich infantiles ›*Dädllduuu!*‹ durch die Gegend.

Such dir also besser ein anderes Codewort aus. Außer, du stehst auf längere Diskussionen mit anderen Gassigängern (›*WIE heißt Ihr Hund?!?*‹).

Pfeifkonzert

Manche Hundeeltern schwören auf die Hundepfeife. Ihr Ton ist wunderbar stimmungsneutral, und Rückfragen zur Namensgebung treten erst gar nicht auf.

Gerade beim Rückruf macht der Ton die Musik. Der Pfeifton klingt immer gleich, und du läufst nicht Gefahr, vor lauter Aufregung andere Worte zu nutzen oder Bandwurmsätze zu produzieren. Der Nachteil liegt ebenso wie der schon erwähnte Klicker auf der Hand – beziehungsweise eben gerade dort nicht. Theoretisch solltest du die Pfeife ab sofort immer griffbereit haben, denn das Rückruftraining funktioniert nach dem gleichen Prinzip wie alle anderen Übungen: in winzig kleinen Schritten und erstmal zu Hause in aller Ruhe, bevor es nach draußen geht.

Und ja nicht die Geduld verlieren! Der Rückruf ist etwas, was ihr praktisch euer ganzes gemeinsames Leben lang üben werdet. Denn seien wir ehrlich: Meistens nutzen wir ihn im Alltag, um unseren Hund von irgendwas total Spannendem abzuhalten oder ein tolles Spiel zu unterbrechen. Wie uncool, Herrchen! Wie gemein, Frauchen!

Deswegen empfiehlt es sich, immer mal wieder den Rückruf einfach so beim Gassigang einzubauen, wenn er dem Hund gerade relativ einfach fällt. Nach der Belohnung darf er dann wieder davonspringen und tun, was Hunde eben gerne tun. So lernt er, dass er nicht immer nur dann zu dir kommen soll, wenn er gerade extrem viel Spaß hat – der danach auch noch vorbei ist, weil's ab nach Hause geht.

Manchmal kann dein Hund auch einfach gerade nicht hören, weil all seine Sinne auf etwas extrem Wichtiges gerichtet sind. Und das bist leider nicht du, sondern ein Hase, der irgendwo im Unterholz raschelt, ein fremder Hund hinter der Wegbiegung, oder ein wahnsinnig faszinierender Geruch. Sophie schnüffelt sich zum Beispiel gerne mal in einen kompletten Rauschzustand, aus dem wir sie nur mit allergrößter Mühe herausreißen können. In diesem Moment ist der Rückruf völlig sinnlos, selbst wenn wir unser dämliches ›*Dädldu!*‹ in voller Lautstärke brüllen.

Also mach nicht den Fehler und gib den Trumpf eines schon recht gut funktionierenden Codewortes aus der Hand, indem du es in Situationen anwendest, in denen die Ablenkung offensichtlich (noch) zu groß ist.

Ob du so weit gehst, das Codewort jeweils nur ein einziges Mal zu rufen, wie manche Ratgeber empfehlen, darfst du mit dir selbst vereinbaren. Ich lasse immer mein Bauchgefühl entscheiden, ob ich den Rückruf wiederhole – und vielleicht vorher sogar Sophies Namen rufe, um ihre Aufmerksamkeit weg von dem angepinkelten Zaunpfahl hin zu mir zu lenken.

Tja, der Hund, der immer und überall perfekt hört, muss noch geboren werden. Wie gut, dass es Leinen gibt ...

Für was braucht man denn das?

Den Rückruf wirst du immer und überall brauchen – vor allem, wenn dein Hund mit dir zusammen durch Parks, Wälder und Wiesen frei laufen kann (und darf).

Du willst ihn doch bestimmt nicht immer an der Leine führen müssen, weil er ein echter ›Hörtnix‹ ist, oder? Ach, da sind wir ja schon bei der nächsten Übung angekommen ...

Übung 7: Immer locker (an der Leine) bleiben!

Neben dem Funktionieren des Rückrufs nach Zufallsprinzip ist auch das wilde Gerangel an der Leine ein echter Klassiker auf der ›*So* hab ich mir das mit Hund aber nicht vorgestellt!‹-Beschwerdeliste.

Oft hat man als unbeteiligter Zuschauer das Gefühl, dass nicht der Mensch mit dem Hund, sondern der Hund mit dem Menschen Gassi geht. Da wird gezogen und gezerrt, geruckt und gerissen, nach oben, unten, rechts und links. Sobald es möglich ist, wird unter heftigem Gewurschtel und Geschimpfe der Karabinerhaken gelöst, und der Hund schießt davon – glücklich darüber, endlich dem ganzen Theater entkommen zu sein.

Und warum? Weil der Hund nie lernen durfte, dass eine Leine kein Folterinstrument ist, sondern einfach nur ein sichtbares Band der unsichtbaren engen Verbindung zwischen ihm und seinem Herrchen beziehungsweise Frauchen.

Das fängt bereits mit dem typischen Fehler an, den fast alle frischgebackenen Hundeeltern machen (wir übrigens auch): Man leint den Fellzwerg erst an, wenn man mit ihm nach draußen auf die Gassirunde geht. Und schon hat man ganz automatisch die Zeichen auf Konfrontation gesetzt. Dein Welpe ist sowieso total aufgeregt, was ihn gleich an neuen Abenteuern erwartet, und dann kommst du und bindest ihm so einen komischen Strick um den Hals? Und willst auch noch, dass er brav an lockerer Leine neben dir her läuft, obwohl es rechts und links am Weg so verführerisch duftet?

An der Leine wird nicht diskutiert!

›*An der Leine wird nicht diskutiert*‹, hat der bekannte Hundetrainer Martin Rütter mal gesagt, und diesen Spruch bekommt Sophie auch heute immer dann von mir zu hören, wenn sie das Prinzip der lockeren Leine zu unterwandern versucht.

Lass dich nicht auf Zerrspielchen an der Leine ein! Spätestens, wenn dein Hund fast genauso viel wiegt wie du und dir bis zur Hüfte geht, stehst du automatisch auf der Verliererseite – bei Glatteis oder schwachen Schultergelenken auch schon in den niedrigeren Gewichtsklassen.

Wie gut, dass dein Fellzwerg noch keine schlechte Erfahrung mit der Leine gemacht hat ...: Denn das Leinentraining startest du jetzt als Spiel, ganz easy und locker zuhause im Wohnzimmer, wo es nicht darauf ankommt, zügig eine Straße vor dem herandonnernden LKW zu überqueren oder einen Bogen um unfreundliche Hunde zu machen.

Zeig deinem Fellzwerg ganz in Ruhe die Leine, lass ihn daran ausgiebig schnuppern, mach sie am Halsband oder Geschirr fest und löse sie gleich wieder. Das Klicken des Verschlusses ist schließlich ein neues Geräusch für ihn, an das er sich in Ruhe gewöhnen darf.

Vielleicht hat dein Fellzwerg die Leine gleich zum Fressen gern? Das möchtest du nicht. Sag es ihm freundlich (wie, erfährst du ausführlich in der nächsten Übung) und biete ihm im Austausch sein Zergeltau an, wenn er seine Piranha-Zähnchen ins Leder oder Textil schlägt. Wie kleine Menschenbabys haben auch Welpen hin und wieder Beschwerden, wenn sie zahnen. So um den vierten Lebensmonat herum fallen die Milchzähne einer nach dem anderen aus und machen dem richtigen Gebiss Platz. Das Zahnfleisch juckt, die wackelnden Zähnchen stören ... Da tut es richtig gut, auf etwas herumzukauen.

Allerdings nicht auf der Leine. Die ist tabu. Sonst läufst du Gefahr, dass sich dein Hund später am liebsten selber Gassi führt, und auf diese zusätzlichen Diskussionsrunden kannst du gerne verzichten.

Hat dein Fellzwerg die Leine schon akzeptiert? Dann bleibt sie für den nächsten Trainingsschritt jetzt mal kurz dran. Erinnerst du dich an die ›Schau mich an‹-Übung? Jetzt kommt sie wieder zum Einsatz!

Genau wie die einladende, leicht abgewandte Körperhaltung aus der Rückrufübung, damit dir dein Fellzwerg noch lieber folgt. Geh ganz ruhig ein paar Schritte nach rechts und nach links, mach kehrt und dreh dich um ... Stell dir vor, du würdest mit deinem Hundebaby tanzen – es sieht dich ja keiner.

Na, seid ihr schon schön die erste Runde Gassi um den Esstisch gelaufen? Ganz ohne Ziehen und Zerren? Vermutlich nicht, oder? Kein Problem – das Ziehen an der Leine würde dich spätestens draußen einholen. Wie du deinem Hund das Laufen an lockerer Leine am schnellsten beibringst, ist so simpel wie nervenaufreibend. Sobald dein Fellzwerg an der Leine zerrt, bleibst du nämlich einfach stehen. Du hast alle Zeit der Welt, und ob du zwei- oder doch dreimal um den Esstisch marschierst, ist egal. Es geht erst weiter, wenn die Leine wieder locker hängt – und zwar am besten in die andere Richtung.

Sonst kommt dein pfiffiger Fellzwerg nämlich noch auf die Idee, dass sein Lieblingsmensch einfach ein bisschen länger braucht, bis er kapiert, wo's langgeht. Und zieht, und zieht, und zieht ...

Und jetzt heißt es wieder: fleißig trainieren. Leider kannst du diese Übung nicht ganz einfach und entspannt erst in Ruhe zuhause aufbauen, bevor es ins Freie geht. Dein Fellzwerg muss nämlich – und zwar ganz schön oft, wie du bestimmt schon gemerkt hat.

Aber auch auf den Gassigängen gilt: Sobald der Hund irgendwohin zieht, wirst du zum Baum. Ja, auch wenn die Leute etwas komisch schauen ... Je konsequenter du jetzt bist, desto schneller hast du einen Hund, der entspannt an der lockeren Leine neben dir her trabt.

Natürlich gibst du deinem Fellzwerg bei euren Ausflügen aber auch ausreichend Gelegenheit fürs Beschnüffeln und Bestaunen.

Sollte das nicht im Freilauf möglich sein, wie zum Beispiel aufgrund der Leinenpflicht in vielen städtischen Parkanlagen, achtest du einfach darauf, dass du dich nicht zum nächsten Grasbüschel hinzerren lässt, sondern gemeinsam mit dem Hund auf Entdeckungstour gehst – und die Leine dabei nicht unter Spannung steht.

In vielen Welpenschulen belohnt man den Hund fürs Laufen an der lockeren Leine mit Leckerli in der Hand – beziehungsweise führt ihn mit dem Leckerli vor der Nase neben sich. Das darfst du natürlich am Anfang eures Leinentrainings gerne machen.

Dein Hund freut sich auf alle Fälle.

Etwas schwierig wird es allerdings, wenn dein Fellzwerg, schlau wie er ist, das Laufen an lockerer Leine neben dir als kurze Übungssequenz interpretiert und bei ausbleibender Leckerli-Zufuhr schnell wieder ins Ziehen und Zerren kommt. Eigentlich sollte der ausbleibende Zug am Halsband oder Geschirr für deinen Hund Belohnung genug sein – und sobald die Leine durchhängt, geht es ja auch gleich weiter mit der Abenteuertour.

Aus diesem Grund ist die gerade bei kleinen Hunden (beziehungsweise ihren Herrchen und Frauchen) so beliebte Flexi-Leine leider überhaupt nicht zu empfehlen. Ja, sie ist total praktisch, weil man zum Beispiel nicht Gefahr läuft, sich in der Leine zu verheddern – und der Hund kann selber entscheiden, wie weit er sich entfernen will. Ein Zug an der Leine genügt.

Und genau darin liegt das Problem. Dein Fellzwerg lernt nämlich ganz fix, dass er sich einfach nur ordentlich ins Zeug legen muss, um dahin zu kommen, wo er hinwill. Und wenn mal die komplette Leinenlänge ausgezogen ist, wird munter weiter gezerrt und gezogen. Irgendwann geben Herrchen und Frauchen schon auf und kommen hinterhergestolpert. Ja, ich weiß: Es gibt auch eine Stopp-Taste zum Arretieren der Leine.

Komischerweise waren alle Hunde, die uns bisher an der Flexi-Leine begegnet sind, mindestens eine halbe Sekunde schneller als ihr Herrchen oder Frauchen.

Und *ssssst* ...

Es kann dauern, bis dein Fellzwerg die Sache mit der lockeren Leine verinnerlicht hat. Und spätestens in der Pubertät, wenn der Hunde-Teenager alles bisher Gelernte nochmal ausdiskutieren möchte, erlebt ihr vielleicht den ein oder anderen Rückschlag.

Aber je ausgiebiger ihr jetzt in der Welpenzeit euren gemeinsamen ›Leinentanz‹ übt, desto schneller klappt's dann auch wieder mit dem entspannten Laufen an der Leine.

Für was braucht man denn das?

Auch wenn du das Glück haben solltest, mit deinem Hund idyllisch auf dem Land zu wohnen – dein Hund soll problemlos an der Leine laufen können. Er darf lernen, dass die Leine kein Folterinstrument ist, sondern einfach ein sichtbarer Teil der (unsichtbaren) Verbindung zwischen euch. Nicht überall ist Freilauf erlaubt, und Gefahren lauern auch in der unberührten Natur – und spätestens an der vielbefahrenen Straße. Wenn deine Hündin läufig wird, ist die Leine die beste Versicherung, dass du nicht ungewollt Hundeoma oder -opa wirst, und falls dein Hund gerne jagt, freuen sich die anderen Tiere über einen angeleinten Hund in ihrem Revier.

Für unsichere Hundeseelen kann eine locker geführte Leine sogar eine echte Hilfe sein – Herrchen oder Frauchen übernehmen die Aufgabe, ihn sicher durch die Gefahren zu leiten, die da draußen überall auf ihn lauern. Er hat seinen ganz persönlichen Bodyguard immer schön bei sich, der ihm nicht mal einfach so davonlaufen kann.

Ja, so eine Leine ist schon echt praktisch ...

Übung 8: Gib das wieder her!

Da wir gerade bei den Übungen sind, die einem Hundekind echt schwerfallen: Jetzt wird's Zeit für das ›Das gehört mir!‹-Training.

Du kennst das bestimmt: Dein Fellzwerg nimmt einfach alles ins Maul. Alles. Egal, ob es für ihn (beziehungsweise den betroffenen Gegenstand) gut ist oder nicht. Wir hatten das Thema schon in Teil 2 bei der Aufgabe ›Stell die Hausordnung auf‹, in der du mit Blockieren deine Möbel, Deko, Pflanzen und Kleidungsstücke vor den spitzen Welpenzähnchen rettest. Wenn dein Fellzwerg gerade stark unter Zahnwechsel leidet, biete ihm immer sofort als Alternative ein Kauspielzeug o.ä. an, mit der er sich vom juckenden, brennenden Zahnfleisch ablenken kann. Im Sommer freut er sich bestimmt besonders über etwas Kühlendes, wie zum Beispiel den Gummiknochen aus dem Kühlschrank.

Leider konzentriert sich die Beißwut deines Fellzwergs nicht nur auf den eigenen Haushalt. Wie ein Kleinkind erkundet er seine Umwelt bevorzugt via Geschmackssinn. Und eine seiner ersten Lebenserfahrungen war die, dass man tolle Sachen schnell vor seinen Geschwistern in Sicherheit bringen muss – am besten ganz fest im Maul.

Nicht immer wirst du schnell genug sein, ihn von etwas Unerwünschten oder vielleicht sogar Gefährlichem abzublocken – vor allem nicht draußen in der freien Natur, wo neben unappetitlichen Essensresten rund um Mülltonnen und Parkbänken auch giftige Pflanzen lauern (siehe Kapitel ›Safety First‹). Von Giftködern ganz zu schweigen ...

Deswegen muss dein Hund ganz schnell lernen, alles rauszurücken, was er im Maul hat. Ja, sogar das Lieblingsspieli oder den tollen Knochen! Und zwar ohne Knurren oder sonstige Diskussionen, wenn du dein Codewort für ›Gib das her, das gehört mir!‹ sagst.

Auch wenn du über angeknabberte Schuhe und zerlöcherte Sofakissen in der Welpenzeit großmütig hinwegsiehst – beginne diese Übung bitte so früh wie möglich. Sie rettet nicht nur künftigen Schuhgenerationen, sondern unter Umständen auch deinem Hund das Leben.

Mach auch dieses Training deinem Fellzwerg so einfach wie möglich und beginne das Ganze mit einem lustigen Tauschgeschäft. Bewaffne dich mit einem Spielzeug, das dein Hund so ›*na ja*‹ findet, und ein paar supertoller Leckerlis. So steigen die Chancen, dass er das 08/15-Spielzeug wieder freigibt, wenn du es ihm vorsichtig aus dem Maul nimmst. Schließlich riecht es total interessant aus deiner anderen Hand ...

Natürlich kostet es deinen Fellzwerg trotzdem erstmal sehr viel Überwindung. Aber weil du das beste Herrchen beziehungsweise Frauchen der Welt bist, bekommt dein Hund nicht nur das Superleckerli zur Belohnung, sondern auch das Spielzeug gleich wieder. In Sekundenschnelle.

Aber nur, wenn er nicht knurrt oder es zum Beispiel mit Pfotenschlagen zurückfordert! Lieb sein zahlt sich auch in dieser Übung aus. Wiederhole das Ganze zwei-, dreimal, dann darf sich dein Fellzwerg wieder ganz ungestört seinem Spielzeug oder Knabberspaß widmen. Wie immer gilt: Lieber kurz, dafür öfter üben.

Hast du dir schon ein gutes Codewort einfallen lassen? Viele Hundeeltern schwören auf das klassische Hundeschulen-›*Aus!*‹ – wir haben uns für ›*Drop!*‹ entschieden. Sag es genau in dem Moment, in dem dein Fellzwerg sein Mäulchen öffnet, um das nicht wirklich coole Spielzeug gegen ein paar superleckere Hundekekse einzutauschen.

Und das ›*Aus!*‹ (oder was auch immer du gewählt hast) bleibt auch nur für genau *diesen* Fall reserviert. Andere Untugenden wie Tulpenzwiebeln ausbuddeln etc. kommentierst du mit dem Tabuwort aus Aufgabe 2.

In der nächsten Stufe verzögerst du das Tauschgeschäft ganz langsam. Statt nach einer Sekunde gibt's die Superleckerli erst nach zwei oder drei.

Die nächste Steigerung: Aus dem nicht wirklich tollen Spielzeug wird ein etwas interessanteres. Jetzt fällt es deinem Hund bestimmt schon etwas schwerer, oder? Bleib dran!

Ganz am Schluss des Aufbautrainings – also je nach Hundecharakter in ein paar Tagen oder sogar erst in ein paar Wochen – gibt dir dein Fellzwerg nach entsprechender Aufforderung ab, was er im Maul hat. Ganz ohne Protest. Ja, auch deinen Pulloverärmel, den Lieblingsteddy deiner Kinder oder einen leckeren Knochen.

Letzteren bekommt er ja nach entsprechend ruhigem Warten wieder.

Für was braucht man das denn?

Grundsätzlich freut es jeden Hundehalter, wenn sein (Wohn)Eigentum löcherfrei bleibt – vor allem, wenn der Fellzwerg nicht mal vor menschlicher Haut zurückschreckt. Selbst wenn *du* kein Problem mit ausgefransten Pullovern und Gebissabdrücken am Schienbein hast – sobald dein Fellzwerg lustige Zerrspiele mit Wanderstöcken, Jackenärmeln oder sogar ungeschützten Handgelenken von ahnungslosen Mitmenschen veranstaltet, schlägt die anfängliche Begeisterung über den ›niedlichen kleinen Racker‹

ganz schnell um. Und was sich der Hund im Welpenalter angewöhnt hat, findet er meistens auch als voll entwickelter Vierbeiner toll.

Aber bei der ›Gib das her!‹-Übung geht es insbesondere darum, dass dein Hund etwas loslässt, was für ihn tabu, ungesund oder sogar gefährlich ist. Das setzt natürlich voraus, dass du deinen Hund immer im Blick hast und das Codewort schnell genug sagst – vor allem draußen.

Und das ist so gut wie unmöglich.

Ich kann dir das sogenannte Anti-Giftköder-Training als nächste Stufe daher wirklich nur ans Herz legen. Bei diesem Training geht es darum, dass dein Hund lernt, dir unterwegs alles Interessante (sprich Fressbare) ganz deutlich anzuzeigen, statt es unauffällig zu vertilgen.

Das können diese wahnsinnig leckeren Hinterlassenschaften anderer Tiere sein (Sophie ist nach jahrelanger Fortbildung inzwischen Weltmeisterin im Pferdeäpfel-Aufstöbern), gammelige Essensreste – oder eben gemeine Giftköder. Bestimmt ahnst du schon, dass dieses Training eine echte Herausforderung für dich und vor allem deinen Hund sein wird. Es gibt inzwischen nicht nur eine Menge von Büchern speziell zu diesem Thema, sondern auch viele Videos und Blogbeiträge von Hundetrainern. Egal, welche Trainingsvariante du wählst – mit der ›Gib das her!‹-Übung hast du schon eine gute Basis dafür gewählt.

Also, bleib dran!

So, das war's auch schon fast mit meinen Lieblingsübungen, die das Zusammenleben mit Fellzwergen ungemein erleichtern – und euch zu einem richtig tollen Mensch-Hund-Team zusammenschweißen. Alles gar nicht so schlimm, oder?

Und zum Abschluss habe ich für euch beide noch kleine, aber feine Wellnessübung mit großer Wirkung:

Übung 9: Entspann dich mal ...

Vor lauter Training kommt gerne mal etwas ganz Wichtiges zu kurz: die Entspannung nämlich. Wie du bereits weißt, braucht ein Hund ausreichend Ruhe und Erholung, um all das Gesehene und Gelernte zu verdauen und in seinem Köpfchen zu festigen. Gerade Welpen neigen gerne mal dazu, ihre biologisch vorgeschriebenen Ruhezeiten gnadenlos zu überziehen. Also, warum nicht auch die Entspannung üben?

Und das Schöne an dieser Übung ist, dass du gleichzeitig mitentspannen darfst und merkst, wie sich auch dein Körper und deine Seele dabei erholt. Gerade als frischgebackene Hundemama oder frischgebackener Hundepapa hast du nämlich Relax-Time mindestens genauso nötig wie dein Fellzwerg ...

Also, überleg dir ein schönes Codewort als Entspannungssignal. Es kann gerne wie ein Kaugummi in die Länge gezogen werden – so wie das berühmt-berüchtigte ›*ohmmmmm*‹ oder ›*müüüüüde*‹. Durch unsere Welpengruppe geisterte damals ein ›*eaaaasy*‹, aber wichtig ist natürlich, dass *dir* das Wort gefällt und positive Assoziationen von Wellness und Erholung weckt.

Mag es dein Hund, gestreichelt zu werden? Und wenn ja, wo am liebsten? Dann kannst du das Codewort auch perfekt mit haptischer Belohnung verbinden. Dräng dich aber nicht auf. Vielleicht gehört dein Fellzwerg einfach nicht zu den begeisterten ›Kuschelmonstern‹, oder er gewöhnt sich erst nach und nach an das sanfte Streicheln. Wenn dein Hund gerade lieber ungestört entspannen möchte, ist das völlig okay – die Übung wirkt trotzdem.

Sucht euch einfach ein schönes, ruhiges Plätzchen, nachdem sich dein Fellzwerg ausgetobt hat und vor lauter Gähnen das Mäulchen gar nicht mehr zu bekommt. Lass ihn eine schöne Position finden und setze oder lege dich neben ihn hin. Perfekt dafür eignet sich natürlich das Sofa, aber falls das für deinen Hund tabu ist, macht ihr es euch einfach auf einem Teppich, einer Decke oder (Sophies absoluter Favorit) in einem Sitzsack so richtig gemütlich. Hauptsache, dein Hund findet die Nähe auch toll – sonst musst du auf etwas mehr Abstand achten.

Jetzt darfst du ihn mit deinem Codewort ganz sanft in den Schlaf begleiten. Manche Hundetrainer empfehlen, es mit völlig normaler, lauter Stimme zu sagen, um den Vierbeiner nicht zu irritieren. Ich persönlich finde, dass zu Entspannung eine leise Stimme besser passt – probiere es einfach aus!

Wenn sich dein Fellzwerg dabei gerne das zarte Bäuchlein kraulen lässt oder gerne leicht über die Flanken gestreichelt werden möchte, ist das besonders schön für euch beide, da nach ein paar Sekunden liebevollen Hautkontakts die Produktion des sogenannten Bindungshormons Oxytocin auf Hochtouren startet – und zwar bei deinem Hund *und* bei dir!

Wer zuerst einschläft, hat gewonnen.

Für was braucht man denn das?

Diese Übung hilft nicht nur bei (Ein)Schlafproblemen, sondern hat auch noch eine viel wichtigere Wirkung. Wenn du oft genug gemeinsam mit deinem Hund entspannst, kannst du das Codewort später auch in

Situationen nutzen, die für deinen Hund aufregend oder sogar furchteinflößend sind. Er hat dann nämlich das Codewort mit Ruhe und Sicherheit verknüpft, was ihm in diesen Situationen prima helfen kann.

Und dir bestimmt auch ...

Ziel erreicht!

So, das waren sie auch schon, meine neun Lieblingsübungen. Hoffentlich macht es dir Spaß, mit deinem Hund zusammen fleißig zu trainieren – Hunde finden es sowieso immer toll, wenn Herrchen oder Frauchen mit ihnen gemeinsam etwas unternimmt.

Natürlich ist nach diesen Basisübungen noch lange nicht Schluss. Auf ihnen kannst du prima neue Übungen auf- beziehungsweise ausbauen. Überlege dir einfach, welches Verhalten dein Hund in bestimmten Situationen zeigen soll. Was könnte das Zusammenleben noch einfacher und schöner machen?

Ich bin zum Beispiel ein Fan des Codeworts ›*Stopp!*‹. Sophie hat gelernt, bei diesem Signal sofort stehenzubleiben und auf uns zu warten, um sich zum Beispiel in Ruhe anleinen zu lassen. Oder die Variation ›*Straße!*‹ mit gleichzeitigem Absitzen, wenn wir sie kurz irgendwo sicher geparkt wissen wollen, ohne dass sie auf uns zu und damit vielleicht genau in den Radfahrer hineinrennt. Sie weiß, wenn sie ›*rechts!*‹ oder ›*links!*‹ neben uns oder an etwas vorbeilaufen soll (und verwechselt es nicht mal annähernd so oft wie ihr Frauchen). Bei ›*touch!*‹ bleibt sie mit der Nase an unserer Hand und lässt sich zum Beispiel um Hindernisse herumführen. Sie kann ›*warten!*‹, bis wir ihr so elementar wichtige Dinge zum Beispiel wie ihren gefüllten Fressnapf freigeben. Und wenn wir sie ›*zurück!*‹ schicken, trippelt sie rückwärts aus der Küche – in der sie wie schon erwähnt eigentlich überhaupt nichts verloren hat. Ja, auch wir sind meilenweit entfernt von der Obedience-Perfektion ...

Aber es ist toll, wenn man sich im Laufe der Zeit viele kleine Helferlein zusammenstellt, die den Alltag mit Hund einfacherer und sicherer machen. Ganz zu schweigen von diesen tollen Tricks, die man zusammen mit dem Hund einstudieren kann! Ein Vierbeiner, der den Gästen zur Begrüßung die Pfote reicht (wenn er das entsprechende Signal bekommt), lockert jede Party auf, und eine Aufräumhilfe, die beim Wegpacken von Spielzeug und Co. hilft, ist echt praktisch! Der Phantasie sind praktisch keine Grenzen gesetzt – außer der, dass das Training immer Spaß machen soll. Dir *und* deinem Hund!

Deswegen überfordere ihn gerade im Welpenalter nicht. Ihr habt alle Zeit der Welt. Es gibt unzählige Hundesportvereine, wo ihr gemeinsam mit anderen Hundeeltern unter Anleitung üben könnt, und es warten Tonnen von Literatur zum Thema ›Beschäftigungsideen für Mensch und Hund‹ auf euch. Mit den Beziehungsübungen aus Teil 2 und den Trainingseinheiten aus Teil 3 habt ihr auf alle Fälle schon eine richtig gute Basis für eine vertrauensvolle Teambeziehung gelegt.

Und nochmal kurz & knapp:

- Sieh das Training als Spiel – hab richtig Spaß dabei!
- Trainiere nicht nach festem Zeitschema. Lieber kürzer, aber dafür öfter
- Übe nur, wenn ihr beide gut drauf seid
- Entscheide dich jeweils für ein kurzes, einprägsames Codewort
- Beginne immer in reizarmer, vertrauter Umgebung
- Steigere die Anforderung in kleinen Schritten – und geh einfach einen oder zwei Schritte zurück, wenn dein Fellzwerg Schwierigkeiten mit der Übung hat
- Vergiss nie, dass dein Fellzwerg noch ein Baby ist und gerade *sooo* viel Neues lernen muss. Überfordere ihn nicht!
- Belohne, was das Zeug hält – und zwar in Sekundenbruchteilen
- Es gibt nicht den *einen, wahren* Weg zum Superteam. Für praktisch alle Übungen gibt es verschiedene Techniken – fast jeder Hundecoach hat seine eigene. Wenn es mit der einen Methode gar nicht klappen will, versuch eine andere.
- Hör auf dein Bauchgefühl! Wenn du ein schlechtes Gefühl bei einer Trainingsmethode hast, gibt es dafür (meistens) einen triftigen Grund. Sprich mit deinem Hundecoach darüber. Wenn die Chemie nicht stimmt, wird es höchste Zeit für einen Wechsel.

Und – ganz wichtig:

- Gib nie auf. Nie. Vor allem nicht deinen Hund.

Nicht mal, wenn die klassischen Stolpersteine auf eurem gemeinsamen Weg auftauchen – siehe das folgende Schlusskapitel.

Stolpersteine

Stubenreinheit und andere Katastrophen

Auch wenn sich die Tipps im Internet, Fernsehen oder Erziehungsratgebern (ja, auch die in diesem Mutmach-Buch) immer recht simpel anhören: In der Realität sieht es anders aus. Nicht immer klappen Übungen von Anfang an. Jeder Mensch ist ein Unikat mit Stärken, Schwächen, kleinen Macken und großen Talenten, und jeder Hund sowieso.

Was dem einen Hund-Mensch-Team scheinbar spielend leicht gelingt, stellt für das andere eine echte Herausforderung dar. Manche Hundeeltern wissen nicht, wie sie ihr kleines Powerpaket zur Ruhe bringen sollen, andere kämpfen mit ständigen Pfützchen und Poo-Haufen auf dem Teppich. Oft prallen romantische Vorstellungen vom Leben mit Hund auf die ganz normale Realität. Ein Hund ist kein behaarter Kinderersatz, kein Spielgerät und kein Sportartikel – schon gar nicht im Welpenalter. Er hat Ansprüche, Wünsche und Forderungen, die ihm manchmal genetisch in die Wiege gelegt wurden, manchmal auch einfach nur Ausdruck seiner ganz eigenen Persönlichkeit sind.

Wer sich für einen der momentan so gehypten Australian Shepherds entscheidet, muss wissen, dass in seinem neuen vierbeinigen Mitbewohner nicht nur ein bildhübsches Supermodell steckt, sondern auch ein Profisportler mit täglichem Trainingsbedarf. Und wer sich wie wir in eine kleine Bichon Frisé-Prinzessin verliebt, akzeptiert mit der Empfangsquittung auch die Tatsache, dass er seinen Hund maximal für eine schnelle Runde im Supermarkt allein lassen kann.

Mit den vorgestellten Übungen hast du gute Chancen, einen richtig tollen vierbeinigen Teampartner zu bekommen, mit dem du souverän die Herausforderungen des Alltags meisterst – und manchmal auch mehr. Und mit einem einfühlsamen Hundetrainer an der Seite geht vieles noch leichter.

Doch bei manchen Problemen und Verständigungsschwierigkeiten hilft einfach nur Geduld.

Und Zeit. *Viel* Zeit.

Beispiel gefällig? Aber gerne. Hier kommt unser persönliches Waterloo in Sophies Welpentagen. Wenn es eine Stubenreinheitshölle gibt – wir haben sie erlebt.

Das Auslaufmodell

Wie schon öfters erwähnt hatten wir Sophies Einzug in unser Leben generalstabsmäßig geplant und vorbereitet. Die Hundebabygrundausstattung war in doppelter Ausfertigung vorhanden, sämtliche Bücher, die irgendwas mit ›Hund‹ und ›Erziehung‹ zu tun hatten, gekauft und gelesen, das Haus vom Keller bis zum Dachboden welpensicher gemacht. Uns würde nichts aus der Ruhe bringen – dachten wir.

Nein, nicht mal das Thema Stubenreinheit. Auch dafür hatten wir bereits auf Basis unseres Ratgeberstudiums ein festes Vorgehensschema eingeübt. Die sogenannten ›Welpenpads‹, die die Züchterin in der Wurfkiste ausgelegt hatte, kamen uns wie ein Geschenk des Himmels vor. Wir bekamen quasi ein wuscheliges Welpenkind, das bereits gelernt hatte, wo man aufs Klo geht. Wie praktisch!

Einfach eine dieser kleinen Matten dezent an einer neutralen Stelle auslegen, und schon besteht keine Gefahr für Parkett und Teppich mehr, wenn's doch mal pressiert. Nach einer Kurzeinweisung im heimischen Garten würde sich das leidige Thema ja sowieso in Kürze erledigen.

So stand es auf alle Fälle in den Ratgebern, und damals glaubten wir noch alles, was in Ratgebern steht.

Wir kauften also eine Großpackung überteuerter Pads (kleiner Tipp am Rande: Wickeltischunterlagen tun's genauso, kosten aber nur die Hälfte) und schoben es Sophies Mama und ihrer Schwester unter den Hintern, die sich auch dankbar darauf erleichterten. Mit dieser Lulu-Markierung durch die Familie unterstütze man nämlich den unsicheren Welpen im neuen Zuhause beim Geschäft, hieß es in der Bedienungsanleitung.

Im heimischen Wohnzimmer angekommen, fand Sophie diese Idee auch wirklich toll. Sie schnupperte sich quasi in Trance, taumelte ein paar Schrittchen weiter und taufte unseren weißen Hochflorteppich mit einer Drei-Liter-Pfütze auf den Namen Hundeklo. Und man muss ihr wirklich zugutehalten, dass sie ganz genau darauf achtete, keinen einzigen Tropfen auf das Welpenpad zu pinkeln. Weder auf das Familienerbstück noch auf alle anderen neunundneunzig Pads, mit denen wir im Laufe der nächsten Wochen sämtliche Zimmer zupflasterten.

Anfangs nahmen wir es noch mit Humor. Einfach nur strikt nach Ratgeber vorgehen und den Welpen beim kleinsten Anzeichen einer Ausscheidungstätigkeit nach draußen in den Garten bringen, wo er sich selig erleichtert. Es gab nur ein kleines Problem bei der ganzen Sache. Sophie zeigte nichts an. Kein Drehen, kein Kreiseln, kein am Boden schnüffeln, nicht mal ein Zucken der Öhrchen. Weder drinnen, noch draußen. Wenn's kam, dann sofort. Und es kam oft. Sehr oft. Genauer gesagt: Dauernd.

Außer, wenn wir sie gerade im Blick hatten. Dann war die Verdauung von einer Sekunde auf die andere quasi lahmgelegt. Ein kurzes Zwinkern – und Hurra! Ein neues Pfützchen!

Nach ein paar Tagen schleppten wir Sophie mit blank liegenden Nerven zur nächsten Tierarztpraxis, um Blasenentzündungen, genetische Fehlbildungen oder Darmprobleme auszuschließen. Die Ärztin riet uns zur Geduld und von Welpenpads ab. Einfach nur genau beobachten und dem Hund ausreichend Gelegenheit geben, das Geschäft draußen zu verrichten. Sophie verkniff es sich auch brav, bis wir wieder zuhause im Wohnzimmer waren.

Wir verhielten uns weiter ratgeberkonform: Lobten jedes Häufchen auf dem Rasen über den grünen Klee, auf dem es thronte, unterließen Unmutsäußerungen beim Wischen und Schrubben der Böden, und führten präzise Buch über Sophies Output. Nach ein paar Tagen hatten wir es schriftlich, dass unser Hund tatsächlich in der Lage war, im Fünf-Minuten-Takt ein respektables Pfützchen zu machen. Interessanterweise nur tagsüber. Schon in der allerersten Nacht schlief sie selig durch – im Gegensatz zu uns.

Nachdem Herrchens Hundebabyurlaub vorbei war, blieb die ganze Sache an mir hängen. Mein Tagesprogramm bestand gefühlt nur noch daraus, einen kleinen Hund die Treppe rauf und runter zu tragen und den Boden zu wischen. Und zu weinen. Natürlich nur kurz, maximal fünf Minuten eben. Bis zum nächsten Pfützchen, das sich plötzlich genau zwei Zentimeter neben dem Welpenpad befand.

Sophie merkte ganz schnell, dass irgendwas nicht stimmte. Für ihre Toilettengänge ließ sie sich auf einmal Geheimverstecke einfallen, obwohl wir sie wirklich kein einziges Mal für ein Pfützchen oder Häufchen schimpften. Wenn wir nicht schnell genug mit dem Haushaltspapier zur Stelle waren, vertilgte sie sogar ihr Poo, um ja keine Spuren zu hinterlassen.

Wir überlegten, ob wir statt diverser Trainer nicht besser einen Psychiater kontaktieren sollten. Für den Hund *und* für uns. Sophie wurde fünf Monate alt, und wir waren mit den Nerven am Ende. Besuche bei Familie und Freunden? Undenkbar. Urlaub mit Hund? In weite Ferne gerückt. Der teure Hochflorteppich? Auf dem Müll.

Inzwischen hatten wir erfahren, dass speziell amerikanische Bichon Frisé-Zuchten inzwischen immer öfter ›unbelehrbar‹ sind, was das Thema Stubenreinheit angeht – eine Kombination aus einer Art Gendefekt, unterentwickelter Harnröhre und Dickkopf. Wir bestellten Hundewindeln, um nicht die nächsten vierzehn, fünfzehn Jahre in sozialer Isolation verbringen zu müssen. Sophie abzugeben kam nicht in Frage, auch wenn ich mir sehr oft heimlich Vorwürfe machte. Schließlich war ich es ja gewesen, die unbedingt einen Hund haben wollte – und ausdrücklich ein Bichon Frisé-Mädchen. Jetzt war Sophie Teil unserer kleinen Familie, ein entzückender weißer Wonneproppen mit möglichem Gendefekt, eventuell unterentwickelter Harnröhre und ordentlichem Dickkopf.

Letzterer war offensichtlich. Wir gingen weiter tapfer in die Welpenschule, freuten uns über die Fortschritte, die sie machte, und darüber, dass sie im Gegensatz zu den anderen Welpen nicht auf den Hundeplatz pinkelte. Für jedes Geschäft, das sie versehentlich mal draußen erledigte, gab's ein Lob und ein Leckerli. Und manchmal ging sie sogar Bruchteile von Sekunden vorher ein ganz klein bisschen in die Knie. Aber nur, wenn sie sich unbeobachtet fühlte.

In einem plötzlichen Anfall von Trotz beschloss ich eines Tages, einen allerletzten Versuch zu wagen. Ich setzte mich mit Sophie ins Wohnzimmer und ließ sie nicht mehr aus den Augen. Keine Sekunde. Ja, auch wenn ihr das absolut nicht passte.

Ich arbeitete nicht nebenher, ich sah nicht fern, ich las nicht. Es wurden die längsten zwei Tage meines Lebens. Und für Sophie erst recht. Sobald sie auch nur einen verträumten Glanz in ihren Augen bekam, hatte ich sie auf dem Arm und galoppierte mit ihr in den Garten. Am Nachmittag des zweiten Tages machte es endlich Klick – und zwar bei uns beiden.

Sophie lernte, Bescheid zu sagen, indem sie mich zart anstupste, und ich kapierte, dass man nicht immer nur das glauben soll, was in den Ratgebern steht. Sie bellte nicht, sie rannte nicht zur Tür, sie kreiselte nicht – sie stupste.

Ab diesem Moment war sie zu 99,99 % stubenrein – das restliche 0,01 % erledigte sich ein paar Tage später, als wir vor lauter Euphorie spontan Besuch einluden und sie nicht beachteten. Sophie verdrückte sich diskret durch die offene Balkontür und machte ihr Häufchen draußen, um das Kaffeekränzchen nicht durch Geruchsbelästigung zu stören. Ansonsten kein einziger Faux Pas mehr.

Ungelogen.

Inzwischen können wir nach ihren ›Geschäftswünschen‹ die Uhr stellen: Direkt nach dem Aufwachen, dann auf der Gassirunde gleich nach dem Frühstück, das nächste Mal kurz vor 12 Uhr, auf der Nachmittagsrunde zwischen 15 Uhr und 15.30 Uhr, und um 19 Uhr letzter Besuch im Garten. Öfter nicht.

Wenn wir mit ihr unterwegs sind und die Uhrzeit nicht im Blick haben, erinnert sie uns kurz mit einem leichten Stupser an unsere Pflicht. Sie beherrscht sogar das Kommando ›*Lulu!*‹, wenn genügend Material in der Blase vorhanden ist – vor längeren Autofahrten und Co. echt praktisch.

Was ich aus dieser Geschichte gelernt habe? Man darf nie aufgeben. Schon gar nicht seinen Hund.

Auch wenn man an einen Punkt angelangt, an dem man nicht mehr weiterweiß – es gibt für die allermeisten Probleme im Verhalten eines Hundes eine Lösung. Man darf nur nicht zu schnell die Geduld verlieren oder sich strikt an den diversen Ratgebern langhangeln.

Jeder Hund ist ein wunderbares Einzelstück, und er hat es verdient, dass man ihm Vertrauen schenkt. Manchmal dauert es einfach ein bisschen länger, bis eine Übung sitzt. Manchmal muss man sich einen Alternativweg überlegen. Manchmal muss man die Trainer oder die Hundeschulen wechseln, obwohl sie bei anderen Hund-Mensch-Teams perfekte Ergebnisse erzielen. Je gelassener und ruhiger man selbst ist, desto schneller klappt es mit einem bestimmten Verhalten – oder so simplen Dingen wie der Stubenreinheit, die bei den meisten Welpen in kürzester Zeit kein Problem mehr ist.

Wenn wir damals grundsätzlich entspannter an das Thema ›Ein Hund kommt ins Haus‹ herangegangen wären, hätte Sophie das vielleicht auch sehr viel schneller geschafft. So haben wir uns alle drei extrem gestresst, anstatt den herrlichen Welpenwahnsinn in vollen Zügen zu genießen.

Die Kleinen werden schneller groß, als man denkt – und plötzlich ertappt man sich dabei, wie gerne man die Uhr zurückdrehen möchte ...

Also, genieße diese phantastische Zeit, wo jeder Tag ein einziges Abenteuer ist! Hab Geduld - mit dir und erst recht mit deinem Fellzwerg.

Entspann dich.

Es wird alles gut.

Dieses Kapitel hat hier nichts zu suchen

Dieses Kapitel hat in meinem Mutmach-Buch eigentlich gar nichts zu suchen, und ich werde es auch so knapp wie nur möglich halten. Es trägt den Titel: Und was, wenn es doch nicht gut wird?

Seit dem Erscheinen der Blogartikel über den Welpenblues haben Sophie und ich zu unserer Überraschung viele, viele Mails von Betroffenen erhalten. Aus dem beklemmenden Gefühl, als einziges Frauchen der Welt nicht vor lauter Glück über den Wuschelzwerg explodieren zu können, wurde ganz schnell die Gewissheit, dass es vielen frischgebackenen Hundeeltern ähnlich geht.

Jetzt, aus dem sicheren Abstand der gemeinsamen Jahre und der vielen schönen Erlebnisse, können wir jedem Blues-Opfer mit gutem Gewissen empfehlen, durchzuhalten. Und bis jetzt hat zum Glück niemand seinen Welpen wieder abgegeben, nachdem er mit uns Kontakt aufgenommen hatte.

Aber es gibt Fälle, in denen uns Leserinnen davon berichten, dass sie sich schweren Herzens wieder von ihrem Fellzwerg getrennt hatten. Die Mails und Kommentare, die uns am traurigsten stimmen, sind dabei die nach dem Motto ›*Wenn ich damals bloß gewusst hätte, dass mein Stimmungstief nur am blöden Welpenblues lag, der in Kürze verschwunden wäre …*‹

Du bist dank dieses kleinen Buches zum Glück ja schon einen großen Schritt weiter, denn du weißt jetzt, dass der Blues nur eine kurze Episode im langen, gemeinsamen Leben mit deinem Traumhund ist – und eigentlich völlig normal. Ja, die Zeit mit einem Welpen kann manchmal wirklich anstrengend sein, und er kommt leider nicht als Fertigpackung zu dir, dein Teampartner auf vier Pfoten. Aber das Durchhalten lohnt sich, und mit jedem Tag rückt ihr eurem Ziel näher.

Leider gibt es aber tatsächlich Situationen, in denen es besser ist, dem Fellzwerg einen Neustart in einer anderen Familie zu ermöglichen. Dann nämlich, wenn zu unterschiedliche Charaktere aufeinanderprallen.

Auf den Punkt, dass man die Entscheidung für einen Hund nie, aber auch gar nie unüberlegt aus einer Laune heraus (am besten noch als Weihnachtsgeschenk für seine kleinen Kinder) treffen darf, will ich an dieser Stelle gar nicht eingehen. Hundehalter, die Welpen primär unter Berücksichtigung des günstigen Preises und der schnellen Verfügbarkeit im Internet kaufen, lesen Bücher wie dieses nicht. Sie machen sich keine Gedanken darüber, dass der wuschelige Aussie-Malinois-Mix aus dem (angeblichen) Hoppala-Wurf im Wachzustand keine zehn Minuten ohne Beschäftigung sein kann, geschweige denn zehn Stunden, bis Herrchen oder Frauchen völlig k.o. aus dem Büro heimkehrt und nur noch seine Ruhe haben will. Sie denken nicht darüber nach, dass es vielleicht doch keine gute Idee ist, zum neugeborenen Baby einen neugeborenen Welpen ins Haus zu holen, oder dass der ›*Ich will aber einen Hund!*‹-Wunsch eines Zehnjährigen innerhalb kürzester Zeit gegen einen ›*Ich will aber eine neue Spielkonsole!*‹ ausgetauscht sein kann.

Ich bin mir sicher, dass du dich schon lange im Vorfeld mit der Frage beschäftigt hast, ob und wenn ja, welcher Hund in dein Leben passt – und du in seines. Trotzdem kann es passieren, dass du unterschätzt hast, wie viel Energie in so einer Handvoll Jack Russel steckt – und absolut keine Rücksicht auf deine kaputten Bandscheiben und Kniegelenke nimmt. Oder du merkst erst nach einiger Zeit, dass der vom Züchter so wortgewaltig als ›lieber Familienhund‹ angepriesene Golden Retriever ein total verängstigtes Seelchen ist, das auf quirlige Kinder erst panisch, dann aggressiv reagiert.

Jeder Hund ist ein lebendiges Wesen. Es hält sich nicht immer daran, was in seiner Rassebeschreibung steht. Bei aller Liebe und gutem Willen kann es passieren, dass verschiedene Faktoren absolut nicht zusammenpassen wollen.

Bitte verwechsle diese grundlegende Unstimmigkeit nicht mit den Alltagsproblemchen, die einfach typisch für die erste Zeit mit Hund sind – siehe Stubenreinheit und Co. Ihr müsst euch erst aneinander gewöhnen! Bei den einen geht's schneller mit der Harmonie, bei den anderen dauert's ein bisschen.

Versuch nicht, alles allein machen zu wollen. Lass dich unterstützen. Sieh es nicht als Anzeichen für Schwäche oder Überforderung, schon gleich am Anfang eurer Beziehung einen Hundetrainer ins Haus kommen zu lassen – egal, was der Nachbar gegenüber meint, der noch zu Kaiser Willhelms Zeiten angeblich einen wilden Wolf zu einem lammfrommen Schäferhund dressiert haben will. Schon das Thema Körpersprache ist so gut wie nie allein überprüfbar. Und es tut euch beiden gut, über den grünen Klee gelobt zu werden, wenn ihr wieder einen neuen Schritt hin zum weltbesten Team gemacht habt. Allein hättest du diesen Schritt wahrscheinlich vor lauter Konzentration auf mögliche Fehler gar nicht bemerkt.

Erst, wenn du mindestens zwei verschiedene Trainer-Meinungen eingeholt hast, die dir unisono bestätigen, dass dein Hund und du einfach auf verschiedenen Planeten leben und es sehr, sehr schwierig scheint, dass ihr miteinander glücklich sein werdet – erst dann darfst du laut über die Frage nachdenken, ob sich dein Hund nicht doch bei einem anderen Herrchen oder Frauchen besser fühlen würde. Aber erst dann. Und auf alle Fälle erst nach dem Welpenblues, versprochen?

So, jetzt aber Schluss mit diesem unerfreulichen Thema, über das ich ja eigentlich gar kein Wort verlieren wollte! Ich gehe davon aus, dass du inzwischen voller positiver Power zusammen mit deinem Fellzwerg euer Super-Team aufbaust. Deswegen will ich dich gar nicht mehr lange aufhalten.

Also, hier kommt es schon, das letzte Wort ...

Last but not least

Es gibt immer Höhen und Tiefen. Jeder hat mal einen schlechten Tag. Du – und dein Hund. Das Wichtigste ist, dass es in eurer Beziehung grundsätzlich stimmt. Ein stabiles Fundament ist dafür entscheidend, wie bei einem Haus – und dieses Fundament baust du gerade.

Welche Bausteine du dafür nimmst, und wie du sie legst, ist ganz allein deine Entscheidung. Du wirst jede Menge Ratgeber über Hundeerziehung und -beziehung finden, die dir praktische Tipps geben – ein paar davon stelle ich dir im Anhang vor. Nutze jede Möglichkeit, etwas über deinen Hund und dich zu lernen.

Aber vergiss nie, auf dein Bauchgefühl zu hören, das dir sagen wird, ob Tipp A oder Ratschlag B auch wirklich zu euch passt.

Dein Hund tut es sowieso.

Noch eine kleine DIY-Idee, die mir persönlich durch die wilde Welpenzeit (und danach) geholfen hat: das ›Happy dog – happy day‹-Tagebuch.

Schreib einfach mal jeden Abend auf, was an diesem Tag gut gelaufen ist. Das muss keinesfalls nur eine Übung sein, die dein Fellzwerg prima gemeistert hat. Es dürfen (und sollen) sogar einfach nur kleine Highlights sein wie zum Beispiel die Minuten, in denen dein Hund überglücklich mit dir zusammen gespielt hat. Dann wird dir nämlich bewusst, wie schön es ist, deinen Fellzwerg bei dir zu haben – egal, ob er immer noch an der Leine zieht oder beim Anblick eines Eichhörnchens sämtliche Anstandsregeln vergisst. Hauptsache, ihr seid zusammen auf dem richtigen Weg.

Und wenn es mal ganz wild zugeht: Erinnerst du dich noch an die Atemübungen in Teil 1?

Und an den Prosecco?

Ohmmmmm!

Das Gute am Welpenwahnsinn ist, dass er vorbei geht. Genau so schnell wie die Pubertät, in der dein Fellzwerg komischerweise alles vergessen hat, was ihr je zusammen geübt habt.

Plötzlich trabt er lächelnd neben dir an der lockeren Leine, dein erwachsener Hund, dein toller Teampartner auf vier großen Pfoten. Und du wunderst dich, wo er hin ist, dein winziger, süßer Fellzwerg mit dem weichen Welpenfell, das so zart duftet …

Wenn du in diesem Moment mit einem wehmütigen Seufzer flüstern kannst: ›*War doch gar nicht so schlimm, der Welpenblues …*‹, dann hat das kleine Buch hier seinen Zweck erfüllt.

Und jetzt raus mit euch! Erobert die Welt!

Halt! Stop! Bevor du gehst, habe ich noch ein paar …

Literaturempfehlungen

Wie versprochen gibt es hier noch ein paar Buchtipps für dich, wenn du auf der Suche nach weiteren Übungen oder anderen Trainingsansätzen bist. Aus dem großen Stapel der Ratgeber, die unseren Bücherschrank fast zum Einsturz bringen, habe ich die (meiner persönlichen Meinung nach) besten Exemplare herausgesucht:

Petra Krivy und Angelika Lanzerath: Einfach gut erzogen. Müller Rüschlikon Verlag. ISBN 978-3-275-02082-9

Katharina Schlegl-Kofler: Mein Hund macht was er will. GU-Verlag. ISBN 978-3-8338-1197-5

Jeanette Przygoda: An lockerer Leine. Der leichte Weg zum leinenführigen Hund. Kosmos Verlag. ISBN 978-3-440-15132-7

Ines Scheuer-Dinger: Abgeleint! Entspannt ohne Leine unterwegs. Cadmos Verlag. ISBN 978-3-8404-2516-5

Sonja Meiburg: Anti-Giftköder-Training. Übungsprogramm für Staubsauger-Hunde. Cadmos Verlag. ISBN 978-3-8404-2518-9

Und hier noch ein wirklich schönes Buch für die Seele:

Michaela Seul: Das Glück hat vier Pfoten. Lebensweisheiten unserer Hunde. Knaur Verlag. ISBN 978-3-426-21481-7

Sophie und ich freuen uns natürlich sehr, dich auch auf unserem kleinen Hundeblog begrüßen zu dürfen.

Dort gibt's immer neue Tipps und Tricks rund ums Thema Hund, Geschichten aus Alltag und Urlaubszeit, Persönliches, Generelles ... Schau doch einfach mal bei uns vorbei auf **www.der-kleine-Hundeblog.de**!

Schreib uns gerne, wie dir dieses kleine Mutmach-Buch gefallen hat, und ob es dir ein bisschen über die wilde Welpenzeit hinweghelfen konnte.

Über eine Bewertung auf Amazon & Co. sind wir dir natürlich auch sehr dankbar! Damit hilfst du anderen Hundeeltern bei der Suche nach passender Literatur, falls der Blues doch einmal zuschlägt.

Wenn du aber mal ein bisschen Abstand von Hundeerziehung & Co. brauchst und etwas zum Schmökern suchst: Auf **www.marlengardner.de** findest du meine Thriller und Reisefieber-Krimis – gute Unterhaltung und fesselnde Spannung garantiert!

Und hier kommt er endlich, der am Anfang zitierte Schlusssatz ...

Alles Gute auf eurem gemeinsamen Weg zum Traumpaar und natürlich viel Spaß beim Lesen und Trainieren wünschen euch

Claudia &

Und zu guter Letzt noch ein bisschen

Rechtliches

Dieses Buch enthält Quellenangaben u.a. zu externen Webseiten Dritter, auf deren Inhalte ich keinen Einfluss habe. Deshalb kann ich für diese fremden Inhalte keine Gewähr übernehmen – für den Inhalt der verlinkten Seiten ist stets der jeweilige Anbieter oder Betreiber der Seiten verantwortlich.

Die verlinkten Seiten wurden zum Zeitpunkt der Verlinkung auf mögliche Rechtsverstöße überprüft. Rechtswidrige Inhalte waren zum Zeitpunkt der Verlinkung nicht erkennbar. Eine permanente inhaltliche Kontrolle der verlinkten Seiten ist jedoch ohne konkrete Anhaltspunkte einer Rechtsverletzung nicht zumutbar. Bei Bekanntwerden von Rechtsverletzungen werde ich den entsprechenden Link umgehend entfernen.

Der Inhalt dieses Buches wurde mit großer Sorgfalt und nach bestem Wissen und Gewissen (und eigener Erfahrung) zusammengestellt. Für eventuelle Schäden an Mensch und Tier, die als Folge von Handlungen etc. aufgrund der im Buch gegebenen Informationen entstehen, kann keine Haftung übernommen werden. Ebenso wird eine generelle Haftung für Personen-, Sach- und Vermögensschäden ausgeschlossen.

Printed in Poland
by Amazon Fulfillment
Poland Sp. z o.o., Wrocław

31561764R00098